金星出版
命理生活新智慧・叢書
VENUS PUBLISHING CO.
U0084325

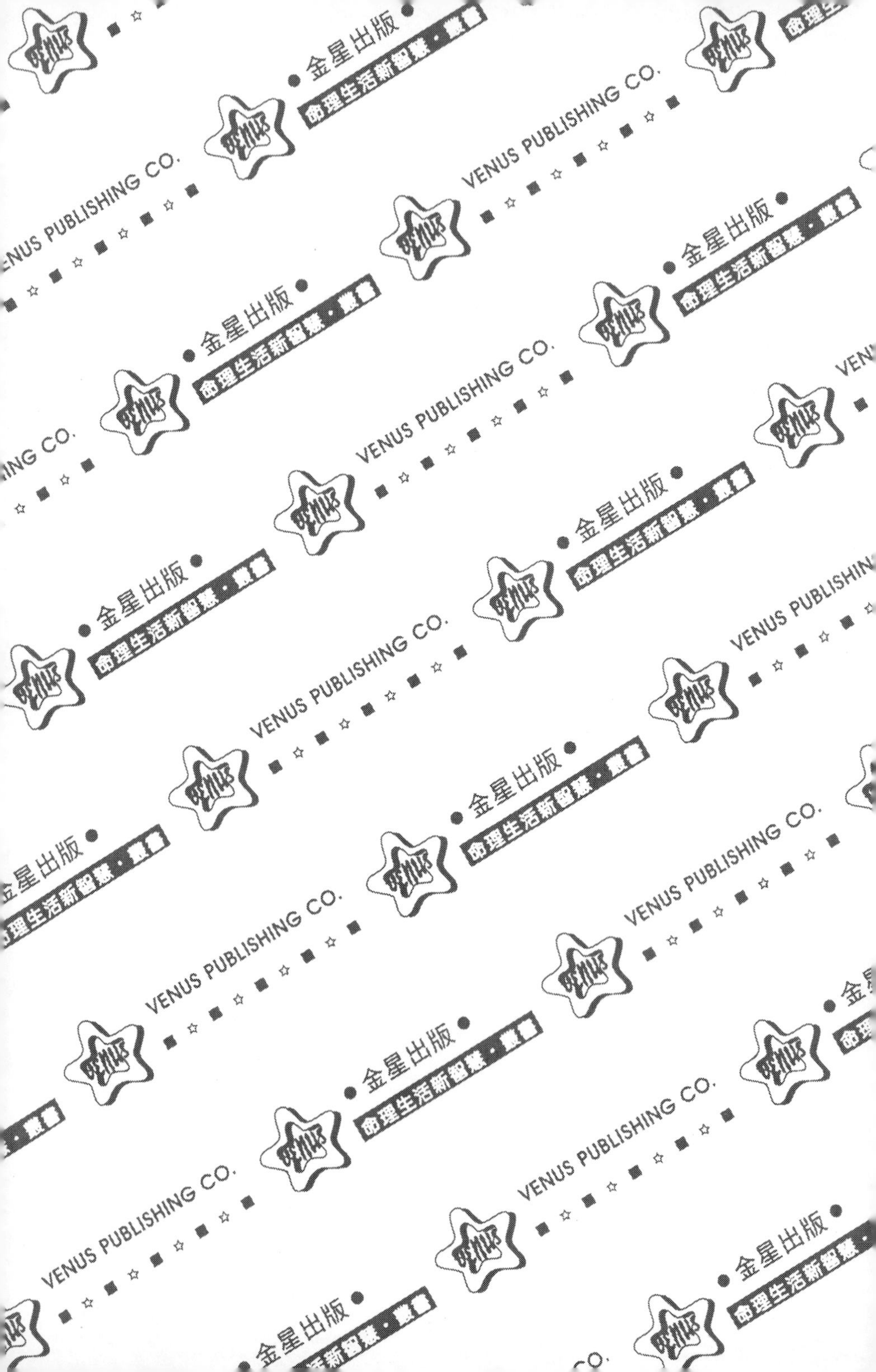

命理生活新智慧・叢書 60-1

對你有影響的
紫・廉・武
《一版修訂版》

金星出版社 http://www.venusco555.com
E-mail: venusco555@163.com
venusco997@gmail.com
法 雲 居 士 http://www.fayin777.com
E-mail: fayin777@163.com
fatevenus@yahoo.com.tw

法雲居士⊙著

金星出版

國家圖書館出版品預行編目資料

對你有影響的「紫廉武」《全新修訂一版》
／法雲居士著， --臺北市：金星出版：
紅螞蟻總經銷，2010年1月[民99年] 修訂
1版，　冊；　公分—（命理生活新
智慧叢書；60-1）

ISBN978-986-6441-12-7（平裝）

1.紫微斗數

293.1　　98024466

對你有影響的 、、 《1 版修訂》

作　　者：法雲居士
發 行 人：袁光明
社　　長：袁光明
編　　輯：王璟琪
總 經 理：袁玉成
地　　址：台北市南京東路三段201號3樓
電　　話：886-2-23626655
傳　　真：886-2-23652425
郵政劃撥：18912942金星出版社帳戶
總 經 銷：紅螞蟻圖書有限公司
地　　址：台北市內湖區舊宗路二段121巷19號
電　　話：(02)27953656(代表號)
網　　址：http://www.venusco555.com
E-mail：venusco555@163.com
　　　　venusco997@gmail.com
法雲居士網址：http://www.fayin777.com
E-mail：fayin777@163.com
　　　　fatevenus@yahoo.com.tw

版　　次：2010年1月　修訂1版　2023年8月加印
登 記 證：行政院新聞局局版北市業字第653號
法律顧問：郭啟疆律師
定　　價：520元

行政院新聞局局版北字業字第 653 號
(本書遇有缺頁、破損倒裝請寄回更換)

ISBN :978-986-6441-12-7（平裝）

序

這本『紫廉武』是一冊書中的第七本書，其它還有『羊陀火鈴』、『權祿科』、『十干化忌』、『天空、地劫』、『殺破狼上、下冊』、『昌曲左右』、『府相同梁』、『日月機巨』、『身宮、命主和身主』，也許後面還會增加書目。

經常有人問我：『老師，你算過這麼多命了，這世界上到底是好命的人多？還是壞命的人多呢？』

我說：『這個問題很難回答！』

大家都奇怪了，你不是很會算命的嗎？又算過這麼多的命，怎麼會難回答呢？

事實上，好命、壞命都是由當事人自己本身去認定的。有時候我們看到某人命運不濟、沒什麼錢、也沒什麼富貴，但是其人很穩定、很平實的在生活，沒有非份之想，沒有好高騖遠、兢兢業業、有固定的工作，做人也認真努力，

紫、廉、武

毫不虛佞，只要度過波折起伏的日子，好命、好運的機會就在眼前。況且一個人的思想和環境主宰了他看待事情與處理因應事情的方法。別人覺得他苦的、不好命的，但他自己本人並不一定如此覺得與感受。相反的，我常看到一些不努力、懶惰，又貪心，只想過優質的物質享受生活，但自己又無工作能力，靠別人吃飯過日子的人，或正在找尋靠山、想依賴別人生活的人，或是投機取巧的人，這些人是常常抱怨命不好的人。所以從個人方面來講，好運、壞運是自己去認定的。外人看這個人，有人給錢生活，他自己不必辛苦賺錢，已經算是好命了，但他需求更多，內心還是不平衡，也常常叫著命苦的呢！

但是由一個命理師的觀點來看，沒有工作能力、或頭腦不清楚，做事不長久、斷斷續續、人生沒有目標、或好高騖遠、好大喜功、個性不實在、偷矇拐騙、行為不正的人，必生惡果，都是壞命的人。而好命的人，就是生活積極努力、行為高尚，有道德感、肯擔當、做事負責、頭腦清楚、邪佞不沾、有人生目標、又真心誠意願意好好過日子的人。

以前我在多本書中都提到，一個人的誕生，是順應時空需要，也是三度空間的產物。那個時間點（時）與空間點（地），和當時環境的需求狀況下，就會生出應和當時狀況需求的命格的人。因此當家庭要由貧轉富，或家庭正要欣欣向榮時，就會生出命格較吉的人，如紫微坐命、武曲坐命、或財祿多的命格的人。家裡父親事業正旺的時候，容易生出太陽居旺坐命的人。家裡或家族將沒落時，家中易出生太陽陷落坐命的人。家中即將窮困或已經窮困時，易生出財窮，或破耗多、不聚財的小孩，如武破、廉破、紫破、天相陷落的人。家中多是非、混亂、爭鬥、爭吵或家庭不完整的時候，家中易生出巨門、天相、天府、羊、陀、火、鈴、劫空、化忌、廉貪等命格的人。這些人就是在因應時空需要的人。家中生出財祿多的人，就是來替家中打拚財富。家中生出命格高尚主貴運的人，就是來替家中打拚名聲、地位的人。家中生出財窮與懦弱的人，就是家中即將破敗沒落的象徵。以前曾舉例過張學良先生為武破坐命的人，就是最好的證明。

紫、廉、武

由小窺大，一個地方、一個國家，好命格的人多，有錢的人多，正派、道德水準高的人多，積極努力的人多、頭腦清楚的人多，這個地方自然興盛富強，也能賺到更多的財富，人民生活樂利，會吸引更多好命的人來匯聚，這個地方，這個國家氣勢就更強了。老百姓出國到別的國家也會更受尊重。反之，一個地方或一個國家有紛爭、戰亂、貧窮、飢餓，奸謀、狡詐的人多，想投機取巧，不事正事的努力，只想坐享其成的人多，頭腦混沌的人多，自然這個地方與國家會禍起蕭牆，離災禍也不遠了。像非洲、阿拉伯地區，都是戰亂、災禍頻仍，老百姓生活辛苦、盜匪宵小又多的地方、百姓性命如草芥，真應了那句『天地不仁，以萬物為芻苟』的至理名言了。

目前台灣很混亂，甲申年大環境的運氣就是太陽化忌，表示政府的公信力會差，這也是一場男性政治的紛亂與爭鬥。在世界的大環境中，做為龍頭老大的美國，將面臨權力、勢力的削弱，失去領導地位。在宇宙天空中，太陽的幅射、光熱會有混亂變化，會影響到地球上的生物。下一年乙酉年，代表大環境

的運氣的太陰化忌，表示銀行會出問題，大家的錢財，或公務員的錢財會出問題，國庫也會出問題，女性的戰爭也會很多。後年是丙戌年，丙年有廉貞化忌。再下去丁年是巨門化忌，在大環境中也都有政治紛爭。我不禁要想，是不是在台灣的那些好命格的人都變少了呢？

不過，你也不必太過憂心忡忡、食不下嚥。求人不如求己，只要我們在自己專業工作上好好努力，心存正念，人生是持續累積的，只要我們自己能先穩住，先獨善其身，未來就能兼善天下。也就是說，先把自己做成一個好命格的人，好命格人一多，就能在未來影響到這個地方，不致墮落沈淪，而能力爭上游致富強了呢！你想想！要把我們自己變為好命格的人，是不是很重要呢？再說，好命不怕運來磨，很多事情自己可以做的，就先做了，不必等別人、靠別人。為了我們自己好，也為了這個地方好，讓我們一同努力做一個好命格的人吧！與大家一起共勉之。

法雲居士　謹識

命理生活叢書60

目錄

紫、廉、武

第一章　『紫廉武』的架構，對人所產生之影響

在每一個人的命格中，都有紫微、廉貞、武曲三顆星，而這三顆星也都會在命盤上的三合宮位中，形成三足鼎立之姿態。因此這三顆星彼此之間，既是在吉度上，彼此相互支援有利，同時也是在相互牽制影響的角度之上。故而在這個三合宮位會發生強烈的磁波來影響人類命運的牽動與起伏變化的形式。並且這三顆星分別在三合宮位上形成鐵三角，也共同組成了人類命運架構，成為主要支柱。

『紫、廉、武』組成了人類命運架構

人類命運的主要架構，就是十二個命盤格式。

而十二個命盤格式的組成，就是以紫微分處於十二個地支宮位，所來命名的十二種不同形式的命盤組合。

『太微賦』中說：『帝居動，則列宿奔馳。』表示只要紫微移一個宮位，則命盤中所有的星曜組合就會不一樣了，而且星曜所落之宮位也會有變化。例如：『紫微在子』和『紫微在丑』兩個命盤中，紫微在子宮時，命盤中的星曜組合，如『左頁上圖』，而紫微在丑宮時，命盤中的星曜組合如左頁下圖：

各位可以看到在十二宮中，如子、丑、寅……等宮的星曜都有了不同的變化，星曜的位置都不一樣，並且，我們更可發現，紫微單星時，它的三合宮位中，它和廉貞、武曲的組合，也和其他命盤格式中的組合不一樣。

1.紫微在子

太陰(陷) 巳	貪狼(旺) 午	天同(陷) 巨門(陷) 未	武曲(得) 天相(廟) 申
廉貞(平) 天府(廟) 辰			太陽(平) 天梁(得) 酉
卯			七殺(廟) 戌
破軍(得) 寅	丑	紫微(平) 子	天機(平) 亥

2.紫微在丑

廉貞(陷) 貪狼(陷) 巳	巨門(旺) 午	天相(得) 未	天同(旺) 天梁(陷) 申
太陰(陷) 辰			武曲(平) 七殺(旺) 酉
天府(得) 卯			太陽(陷) 戌
寅	紫微(廟) 破軍(旺) 丑	天機(廟) 子	亥

十二個命盤格式中，『紫廉武』的組合方式與所在宮位

『紫微在子』命盤格式中，『紫廉武』的組合方式是：紫微、廉府、武相，分處於子、辰、申宮。

『紫微在午』命盤格式中，『紫廉武』的組合方式是：紫微、廉府、武相，分處於午、戌、寅宮。

紫微在子

太陰(陷) 巳	貪狼(旺) 午	天同(陷) 巨門(陷) 未	武曲(得) 天相(廟) 申
廉貞(平) 天府(廟) 辰			太陽(平) 天梁(得) 酉
卯			七殺(廟) 戌
破軍(得) 寅	丑	紫微(平) 子	天機(平) 亥

紫微在午

天機(平) 巳	紫微(廟) 午	未	破軍(得) 申
七殺(廟) 辰			酉
太陽(廟) 天梁(廟) 卯			廉貞(平) 天府(廟) 戌
武曲(得) 天相(廟) 寅	天同(陷) 巨門(陷) 丑	貪狼(旺) 子	太陰(廟) 亥

『紫微在丑』命盤格式中，『紫廉武』的組合方式是：紫破、廉貪、武殺，分處於丑、巳、酉宮。

『紫微在未』命盤格式中，『紫廉武』的組合方式是：紫破、廉貪、武殺，分處於未、亥、卯宮。

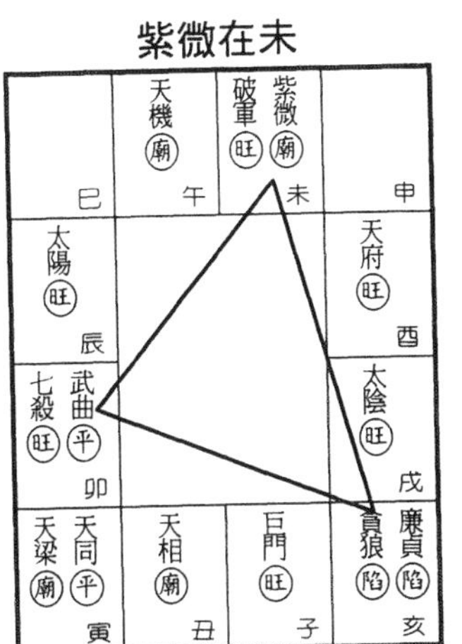

紫微在未
巳
天機 廟 午
紫微 廟 破軍 旺 未
申
太陽 旺 辰
天府 旺 酉
武曲 平 七殺 旺 卯
太陰 旺 戌
天同 平 天梁 廟 寅
天相 廟 丑
巨門 旺 子
廉貞 陷 貪狼 陷 亥

紫微在丑

廉貞(陷) 貪狼(陷) 巳	巨門(旺) 午	天相(得) 未	天同(旺) 天梁(陷) 申
太陰(陷) 辰			武曲(平) 七殺(旺) 酉
天府(得) 卯			太陽(陷) 戌
寅	紫微(廟) 破軍(旺) 丑	天廟(廟) 子	亥

『**紫微在寅**』**命盤格式中**，『紫廉武』的組合方式是：紫府、廉相、武曲，分處於寅、午、戌宮。

『**紫微在申**』**命盤格式中**，『紫廉武』的組合方式是：紫府、廉相、武曲，分處於申、子、辰宮。

紫微在寅

巨門(旺) 巳	廉貞(平) 天相(廟) 午	天梁(旺) 未	七殺(廟) 申
貪狼(廟) 辰			天同(平) 酉
太陰(陷) 卯			武曲(廟) 戌
紫微(旺) 天府(廟) 寅	天機(陷) 丑	破軍(廟) 子	太陽(陷) 亥

紫微在申

太陽(旺) 巳	破軍(廟) 午	天機(陷) 未	紫微(旺) 天府(得) 申
武曲(廟) 辰			太陰(旺) 酉
天同(平) 卯			貪狼(廟) 戌
七殺(廟) 寅	天梁(旺) 丑	廉貞(平) 天相(廟) 子	巨門(旺) 亥

紫、廉、武

『紫微在卯』命盤格式中，『紫廉武』的組合方式是：紫貪、廉殺、武破，分處於卯、未、亥宮。

『紫微在酉』命盤格式中，『紫廉武』的組合方式是：紫貪、廉殺、武破，分處於酉、丑、巳宮。

紫微在卯

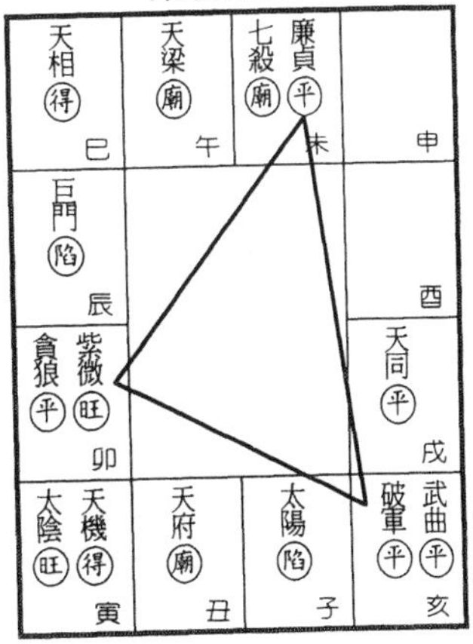

天相(得) 巳	天梁(廟) 午	廉貞(平) 七殺(廟) 未	申
巨門(陷) 辰			酉
紫微(旺) 貪狼(平) 卯			天同(平) 戌
天機(得) 太陰(旺) 寅	天府(廟) 丑	太陽(陷) 子	武曲(平) 破軍(平) 亥

紫微在酉

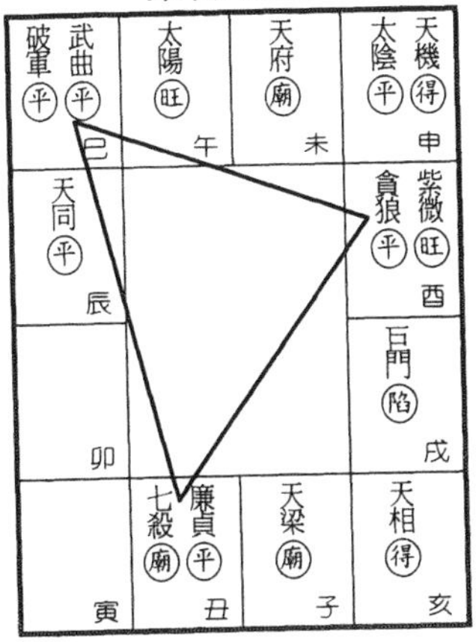

武曲(平) 破軍(平) 巳	太陽(旺) 午	天府(廟) 未	天機(得) 太陰(平) 申
天同(平) 辰			紫微(旺) 貪狼(平) 酉
卯			巨門(陷) 戌
寅	廉貞(平) 七殺(廟) 丑	天梁(廟) 子	天相(得) 亥

『紫微在辰』命盤格式中，『紫廉武』的組合方式是：紫相、廉貞、武府，分處於辰、申、子宮。

『紫微在戌』命盤格式中，『紫廉武』的組合方式是：紫相、廉貞、武府，分處於戌、寅、午宮。

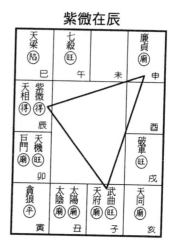

紫微在辰

天梁(陷) 巳	七殺(旺) 午	未	廉貞(廟) 申
紫微(得) 天相(得) 辰			酉
天機(旺) 巨門(廟) 卯			破軍(旺) 戌
貪狼(平) 寅	太陽(廟) 太陰(廟) 丑	武曲(旺) 天府(廟) 子	天同(廟) 亥

紫微在戌

天同(廟) 巳	武曲(旺) 天府(旺) 午	太陽(得) 太陰(陷) 未	貪狼(平) 申
破軍(旺) 辰			天機(旺) 巨門(廟) 酉
卯			紫微(得) 天相(得) 戌
廉貞(廟) 寅	丑	七殺(旺) 子	天梁(陷) 亥

『**紫微在巳**』**命盤格式中**，『紫廉武』的組合方式是：紫殺、廉破、武貪，分處於巳、酉、丑宮。

『**紫微在亥**』**命盤格式中**，『紫廉武』的組合方式是：紫殺、廉破、武貪，分處於亥、卯、未宮。

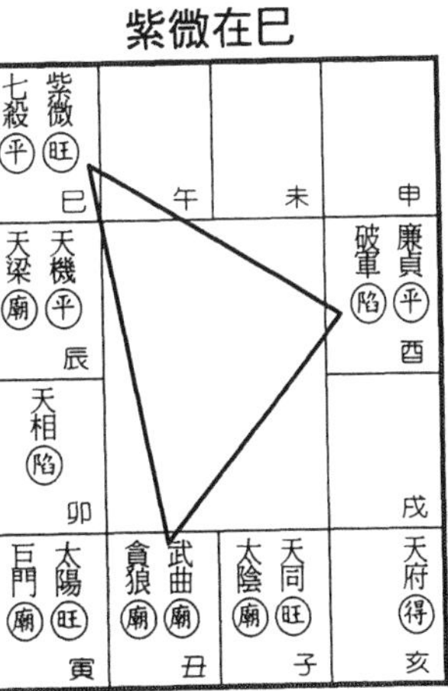

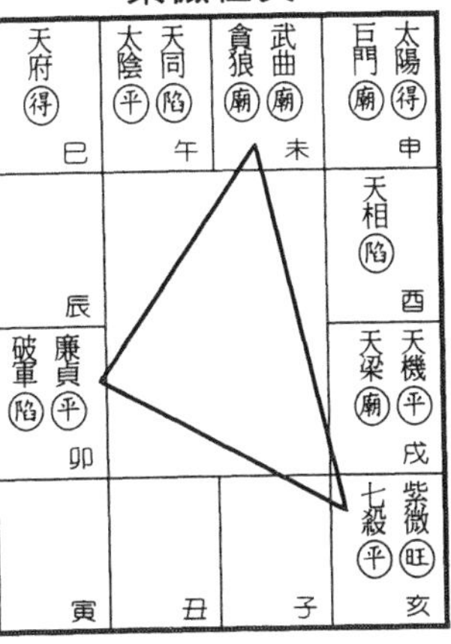

紫、廉、武

由以上可知，『紫、廉、武』三顆星的組合，以及紫、廉、武三顆星在宮位出現所代表的旺弱程度，實際上已規格化了『紫廉武』所代表的人生富裕、平順的程度，以及行運吉凶的走勢圖。所以十二個命盤格式，實際上就是以『紫廉武』為首的，十二個排列人生命運的組合方法格式。

當紫微單星獨坐出現在宮位中時（如『紫微在子』、『紫微在午』），在三合宮位上，廉貞和天府同宮、武曲和天相同宮，這是一種享福的格式，是享財福與人生物質享受與好運的人生命運格式。

當紫微和福星天相同宮時（如『紫微在辰』、『紫微在戌』），三合宮位上廉貞獨坐，武曲和天府同宮，這是一種運用謀略才能享福的格式。也是享受財福與物質享受的人生命運格式。

當紫微和財庫星天府同宮時（如『紫微在寅』、『紫微在申』），

三合宮位上有廉相、武曲，這是一種運用政治手腕的運作，而享財福的人生命運格式。

當紫微和殺、破、狼同宮時（如『紫微在丑』、『紫微在未』、『紫微在卯』、『紫微在酉』、『紫微在巳』、『紫微在亥』），在三合宮位上，廉貞和武曲也正籠罩在殺、破、狼格局之中，因此這些命盤格式的人，也會辛苦得財，籠罩在運氣上下起伏、好好壞壞、高高低低之間的人生命運格式。

因此，**紫微是主宰了命運結構主體的架構的首腦**，它和廉貞、武曲一起形成鐵三角的關係，來組成命運架構的主體結構，繼而再增加及變化了其他的星曜，而形成各個不同的命運人生。當然，紫微還是受制於時間上，年、月、日、時的『時間標的』為主要關鍵依據而形成的。

『紫、廉、武』是一種與政治有關的命運架構

紫微是官星，代表事業，也代表政治，主掌權力和地位的增高。廉貞也是官星，代表智慧、智謀，也代表政治。是一種具有暗中運作政治手段的政治力量，自然也和權力、地位有關。

武曲是正財星，但也和政治有關，它是具有政治利益，和錢財脫離不了關係的政治力量。因此武曲也是主掌權力和地位有關的星曜。

當上述這三顆星在一個三合宮位，又三足鼎立的姿態下，所形成之磁場，勢必是與政治形成強硬、不可斬斷的鎖鍊關係。

『與政治有關的命運架構』之意義

與『政治有關的命運架構』之意義，有幾重意義：

1.

許多政治人物大多具有此『紫、廉、武』的命格。例如前美國總統柯林頓是紫微坐命的人。美國總統小布希是廉貪坐命的人。台灣的陳水扁總統是廉相坐命的人。大陸國家主席胡錦濤是廉貞坐命的人。大陸前副主席朱鎔基先生是廉破坐命的人。台灣前國防部長郝柏村先生是武曲化祿坐命的人，比比皆是。實際上，也必須是『紫、廉、武』在命、財、官及夫、遷、福等宮的人，才能進入政治圈，也才能掌握住權力、地位和政治脈動。

2.

『二個人以上』便稱做政治了。實際上『與政治有關』的意思，**就代表了有利益趨向的人際關係**。一般人想要得富貴，想要成就大事業、想要成功，也必須具有這種內含豐富利益趨向的人際關係之下運作，才能得到你所想要得到的東西。因此凡

『紫、廉、武』在『命、財、官』及『夫、遷、福』等宮的人，便首當其要的，又天生自然的，便擁有了這種天性使然的性格所組成之命運架構了。

3. 『與政治有關的命運架構』之意義

，還包括了奮發力、爭奪力、競爭力、好強、好勝之心，與不屈不撓、奮力向戰、堅持對自己的信仰，相信自己會成功的持續力。

與政治有關的命運架構綜合了上述三個層面的力量，因而發展出獨特的性格魅力，因此在工作上與人生成就上的表現，就能超出一般『機月同梁』格溫和性格的人很多出來了。

『紫、廉、武』也是一種與財富有關的命運架構

紫微、廉貞、武曲三顆星在任何人的命盤中，都是立於三合宮

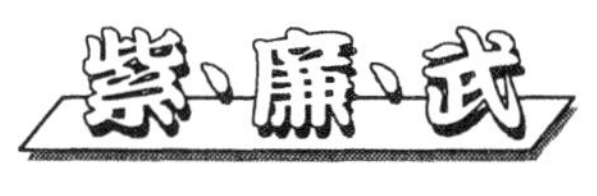

位上的。

武曲是正財星，當武曲在命宮時，本命有財。當紫微入命宮，財星武曲在財帛宮。當廉貞入命宮時，財星武曲在官祿宮。當夫妻宮是紫微時，武曲就在遷移宮，當夫妻宮有廉貞時，武曲在福德宮，當遷移宮是紫微時，福德宮就有武曲，因此武曲總圍繞在紫、廉二星身旁，密不可分。這當然也是財與政治是不可分離的了。

『紫、廉、武』亦是一種與智慧、計謀有關的命運架構

在『紫、廉、武』的結構中，廉貞是主導智慧與計謀、企劃的一顆星。如果沒有此星，縱然有再多的政治趨向的人際關係，再多的財益引誘，但沒有智謀來策劃奪得、攫取，也是枉然的、得不到

的。廉貞是一顆囚星，是囚在人內心中，或頭腦中的一種暗沈的思想與計謀，一般不表現出來，只會在達到目的時候才暴露出來。另一方面廉貞也是桃花星，是善於攏絡、善於捕獵，具有捕獵意味的桃花星。由於這種特殊意義的運用、智慧和計謀就蒙上一層神秘色彩了。

『紫、廉、武』和『殺、破、狼』格局是相互交錯、密不可分的

當我們來研究一下命盤時，你常可發覺，『紫、廉、武』這些星，總是和『殺、破、狼』糾結在一起。**例如人命中，當『紫、廉、武』在『命、財、官』等宮時，**『殺、破、狼』就在『夫、遷、福』等宮。**當『殺、破、狼』在『命、財、官』等宮時，**而『紫、

廉、武』就在『夫、遷、福』等宮之中，如此的相互交錯著。**當『紫、廉、武』與『殺、破、狼』都一同在『命、財、官』等宮時**，『夫、遷、福』等宮中一定有一個空宮，再和天府、天相來三合照守。例如命宮是紫殺，財帛宮就是武貪，官祿宮是廉破，而夫妻宮是天相陷落，遷移宮是天府，福德宮為空宮。

由此可知，『紫、廉、武』和『殺、破、狼』其實是糾結在一起，實在是密不可分的。也就是說，當『紫、廉、武』為主體時，『殺、破、狼』就是環繞著他的環境。當『紫、廉、武』與『殺、破、狼』一起為主體時，他的環境就會是福不多，或財不多，再加一點空茫的境遇了。

其他如『機月同梁』格的人，如天機、天同、太陰、天梁、太陽、巨門等命格的人，『紫、廉、武』及『殺、破、狼』都全在

紫、廉、武

▽紫、廉、武

『父、子、僕』及『兄、疾、田』等宮，這些稱為閒宮。是故這些人，除非有化權進入『命、財、官、遷』，否則都會意志薄弱，不能掌權，和不能掌握重要時機，成功的機運會較弱很多。

『紫、廉、武』既然和『殺、破、狼』密不可分，又相互交錯在『夫、遷、福』之中，因此**他們的性格也會和『殺、破、狼』入命者的性格一樣，對感情很乾脆、俐落，不拖泥帶水**，性格獨立，做事敢做敢當，做事快速快決，衝力十足，對利益的判斷也快、狠、準！性格剛強，事業心強，喜獨當一面，不喜被人管或被人左右，愛掌權管事，有自己獨到的見解，肯吃苦、愛用腦，也會為人高傲、自以為是，因為性格強硬，感情不利，較晚婚或離婚，人生較辛勞，人生起伏也會大，且易離鄉發展，白手起家。因為辛勞，身體會較弱。

紫、廉、武

由以上有關於『紫、廉、武』命格結構的分析，你就可以明瞭：『紫、廉、武』和『殺、破、狼』命格的人，他們是處在宇宙間共同相合的磁場中，而且是較陽剛性的磁場。而『機月同梁』格的人和『太陽、巨門坐命』的人，在性格和人生歷程上，是另一個共同相合的磁場，而且是一種較陰柔的陰性磁場。由於這兩種磁場特性不一樣，是故，在性格上與人生命運結構上就會有很大的不同。這主要是人的性格影響主導人的思想，就會影響人的命運變化之故。

由此我們也可知道，當你的父母、兄弟、配偶、子女、朋友們和你的命格，分屬於『紫、廉、武』和『機月同梁』格等兩個不同體系的命格時，就很難融洽相處，人生價值觀也不一樣，會有衝突及冷淡的關係。你的人生就會有某些遺憾了。但某些親屬和朋友是可以撰擇的。例如配偶和子女，以及朋友，你是可以選擇和你具有相同命格系統、磁場的人來共同生活的。這就是結婚時要『合婚』、『合八字』，及選擇子女出生時的生辰，以及選擇知心朋友時，你所擁有的選擇權了。父母和兄弟無法選！你的命格也無法選！那是你的父母所擁有的選擇權，所以你只有選擇你自己所能選擇的未來而已。你能選擇來和你共同生活及來往的人，讓他們和你有相合的磁場屬性。這樣你就能擁有後半輩子的和樂家庭幸福與快樂人生了。

倘若你自己本身較溫和軟弱，或較窮。工作奮發力不強，又想重振家族、力爭上游，你就要選擇『紫、廉、武』格局系統命格的人，來做你的家人。不過在思想、觀念上及價值觀衝突會變多，感情也可能會無法緊密。倘若你本身是性格強的『紫、廉、武』格局的人，想要過溫柔幸福，情感細密的家庭生活的人，或家中爭鬥

多、是非多的人，想要改善家庭氣氛，過知性、柔和生活的人，你就可選擇『機月同梁』格命格系統的人來做你的家人。

倘若你能善於利用上述這種磁場交錯的關係，至少你能改變在你成年以後的三分之二的人生命運。至少三分之二的人生命運選擇權是在你的手上了。因此先瞭解自己本身是屬於『紫、廉、武』還是『機月同梁』體系的人，再規劃和自己相合的磁場模式，人生就會順利的多，自己的命運也會改好了。

如何尋找磁場相合的人

第二章　紫微的特質與格局

第一節　紫微的特質

紫微五行屬土，為己土。為陰土。主黃色，在卦象上主生女。

紫微星為北斗主星，又名帝座，是至尊之宿，在西洋星座上為北極星（Polaris），它和北斗七星，是很靠近地球自轉軸北極所指向的天空，正確的星名是『小熊座α星』。在古代稱它為『勾陳一』或『北辰』。因為它常年在北方的天空中明亮，像指路的燈塔一般，也

是古代北半球的航海家所依賴的重要星曜。

中國古代把恆星天空劃分為三垣二十八宿，其中紫微垣就包括北天極附近的星區。中國命理學尤以紫微為至尊之宿，為帝座，專司官貴，又以其為主事業之星，亦稱『官星』。

紫微的特質

紫微為主貴之星，能趨吉避凶，有使一切平順祥和的力量。紫微主貴不主財，但也能使財運順利，生活富庶。紫微的功能就是解厄、制化、延壽。因紫微為高貴之星，故紫微在斗數命盤中入那一宮，那一宮就高貴、尊貴，或自己想高貴與尊貴。例如入財帛宮，其人賺錢和花錢就想高貴、尊貴。賺錢會順利，但花錢在享受上也是一流的花費，喜歡買精緻物品及價格昂貴的東西、花錢毫不心疼的。

紫微在命宮：會自以為高貴、較高傲、喜歡管人、指使別人做事，也會受人敬重、尊敬、別人不敢冒犯他。

紫微在兄弟宮：兄弟能力較好，兄弟中有傑出者，他會管你、對你好。

紫微在夫妻宮：配偶地位高、自我意識強，但夫妻感情好。

紫微在子女宮：子女能力好、受人敬重，你的注意力全在子女身上，以子女為傲。

紫微在疾厄宮：健康大致良好，有小病也會立刻醫，會看一流醫生及一流的醫院，能得良醫醫治。

紫微在遷移宮：外在環境優渥、高貴，外出多貴人相助及尊敬。不會遇到不吉或不好的事情，縱有困難，能立即解決平順。

▽紫、廉、武

紫微在僕役宮：容易結交權貴、結交對自己有用的人，交友較勢利。但還能到處有人幫忙。這也同時證明自己是懶惰與能力差的人。

紫微在官祿宮：能做老闆或管理階層，工作上地位高、智慧高、能力強，會受人尊重，事業發展順利，能步步高升。

紫微在田宅宮：家產多、不動產多，且是價值高、美麗的物產。財庫豐滿充實，不會漏財，家人和樂。

紫微在福德宮：愛享福、較懶惰、好享衣食及物質享受、易工作不利。

紫微在父母宮：父母地位高、能力好，能給你較佳的物質環境，父母是你一生的貴人，但會管你，你一生都會靠父母較多。

紫微星在人的方面，代表為男性、有權勢的人、首領之人、

紫、廉、武

地位高的人，或身材高壯的人（但紫微居平時，不高）。

在事的方面，代表大型企業、大集團、高官、高地位、高薪、公家機關，以及精密的事情，或有權力運作的事情。

在物品的方面，代表精美、高貴、令人珍愛的物品，也代表高級品、最上級之物品，精緻物品、精密物品，如古董、珍珠、珠寶、首飾、名貴字畫、古董鐘錶，或裝飾美麗精緻的物品，以及微電腦、精密的機器等等。

在地方或建築物方面，代表高山、峻嶺、丘陵地、高起之地、高樓大廈、大的政府機構、廣大的庭園、毫宅、大的別墅、精美高的樓台、最高學府、首都所在地、或有權力的地方，也代表重要人士的墳墓、陵寢，如中山陵等地。

在疾病及身體上，代表腦部及腦部病變，也代表胃部。紫微

紫、廉、武

▽紫、廉、武

屬己土，故是脾胃消化系統的毛病，有濕熱、雜癆等疾。紫微在木宮入疾厄宮，易腹部脹氣淺腹，不易入食、吃得少，又會脹氣。紫微在水宮入疾厄宮，易胃寒、不易消化，或消化過快，胃酸過多。紫微入火宮在疾厄宮，易胃熱、胃疼。

紫微星不會左右，仍不貴，仍多勞碌、一生有成敗。紫微有左輔、右弼同宮或相夾，則有左右手，能輔佐、策劃，為主貴之人，事業較會順利。否則為孤君，會剛愎自用，且孤獨。

紫微有文昌、文曲同宮或相照，為護衛、侍從，能得號令。

紫微會天相，為宰相之才，能料理一切事務。**會天府**，為管財庫之才，能聚財而理財。**會祿存**，為孤獨慳吝之主，為羊陀所夾，也易為『奴欺主』之格局，一生成就不高。

紫、廉、武

紫微入『命、財、官』、『夫、遷』等宮都較好，生活較富裕、平順，有事業。入六親宮，主為親人勞碌。**凡有羊、陀、火、鈴四煞在陷地來沖剋者，稱之『奴欺主』**，心境不清閒，易操煩，也易殘疾或不善終，也會為人惡質、內心險惡。**紫微會天空、地劫，精神空虛，易入宗教**，也可為宗教領袖。**紫微亦為桃花星**，在命、福二宮，桃花多、艷遇不斷。

紫微逢煞多，在大限、流年、流月逢之，軍警人員尤其要注意，易壯烈犧牲，有身後光榮之事蹟。平常人逢之，也易消亡，而得優惠之賠償撫卹。

紫微入命宮的特質

凡紫微入命宮時，年青時面黃較白，老年時，為紅黃色或赤色，臉型長圓或方型，中等身材，腰背多肉。命、遷二宮有羊、陀、火、鈴、化忌、劫、空時，面型及身材有變化，會較瘦、或高矮不定，性格也起伏不定。

紫微坐命的人，性格善變，剛柔不濟，外表忠厚老實，讓人信任、為人尊敬，一生不會受到不尊重的待遇，別人不敢侵犯，而事事讓他優先。外表體面，面色沉著、穩重，不會有輕浮舉動，也多半得人尊重，不怒而威，有天生的向心力、領導力，能聚集人心及受到眾人的推崇，同時其人也具有平撫災厄與平順生活的能力。

紫微坐命者，內心較軟，心活，耳根子軟，易聽別人的小話，

也易心思反覆、多疑或猶豫。其人易有多方面之興趣與嗜好，常也會有不顧一切或隨心所慾的想法和行為。其人也是份外頑固，與唯我獨尊的人，也會較有自私的一面。

紫微和殺、破、狼同宮坐命時，因三合照守的星曜不一樣，再加上殺、破、狼本屬煞星體系，紫微要平撫及平復這些煞星的凶性，其命格特質也會不一樣。雖然某些體面和受尊重、多疑的特質還是具有的，但人生格局就完全不一樣了。

紫微雖為帝座好享福，但在古代帝王中，並不見有紫微坐命的皇帝。因此，紫微坐命的人，並不如坊間所談的，為可做君王的命格。反而那些能立蓋世功勳的君主，常是殺、破、狼坐命的人。

紫微星實際上是具有撫平災禍、趨吉的力量較強的星曜，因此會在平民百姓家誕生的人多一些。並且，在這些一般小老百姓家中

紫、廉、武

誕生了這種紫微坐命的人，多半表示此家庭將要走上平順的道路了。至於平順多少？要看紫微的旺度而言。紫微在午宮居廟，在子宮居平，因此家中誕生了紫微居廟坐命的人，家中境況轉好的速度快，而且可長治久安，一路順利下去的。但若家中誕生了紫微坐命子宮的人，家中也會邁向平順，但是十分普通、稍好的局面。況且紫微坐命子宮居平的人，常為庶子或不正婚姻所產下之人，或是家境平凡、窮困家庭所生之人，命格及一生成就都十分平凡，甚至也不太好命的人也是滿多的。

另外**紫微即使居廟入命，但有羊、陀、火、鈴、劫空同宮**，命格都有瑕疵，也**未必會為家庭帶來好運**，必須以八字來論斷命格好壞了。

紫微是唯我獨尊的星曜。通常在一個家庭中不會生出兩個紫微

坐命的人。這也包括紫貪、紫殺、紫破、紫相、紫府等雙星坐命的人。倘若一個家庭中有兩個以上紫微坐命的人，此二人（包括以上）一定命格中有刑剋，這些人會頭腦不清之故，並不見得會真替家庭帶來什麼好運。他們會自己享福多，努力打拚的力量不足，較自私，人生平凡無奇。

有一次，有一位朋友來論命，談及此事，不以為然，她就說，自己是紫微坐命的人，她先生是紫相坐命的人，家中就有兩個紫微坐命的人了。但是她自己別忘了，自己是『紫微、擎羊』坐命午宮的人，本命是『奴欺主』的命格，也是『刑官』格局，自己不太工作，或工作不順。先生的命格中，也是具有刑剋的格局，可說是二人皆頭腦不清，也未必會為彼此和家庭帶來任何好運，能擁有普通平凡的家庭就不錯了，反而衝突較多，婚姻未必全美。

因此，家中只有一位命格中有紫微星的人，才能替家中帶來吉順、富裕的好運，**家中有多個紫微入命的人，反而是不算太吉的狀況**。也易爭鬥多，彼此相刑不合，因為這些人的命格中必有瑕疵之故。

紫微坐命的人都好享福，喜歡買貴的，價值高、精緻、美麗的物品，喜歡物質享受。他們也常常運氣好一點，也能獲得享受，故在打拚努力上，付出血汗和勞力會比別人少一點。但紫微坐命的人，要看福德宮是什麼星，才能知道是否真能享福或是否勞碌。例如紫破坐命的人，福德宮是天府，是真的十分重視物質、金錢享受，花的比賺得多的人。紫貪坐命的人，福德宮是天相，也好衣食享受。而紫微單星坐命、紫府、紫相坐命的人，福德宮是破軍、貪狼。紫殺坐命者，福德宮是空宮，有武貪相照，這些人的福德宮，

就坐在『殺、破、狼』格局之上，是故很勞碌、很貪，雖也愛物質上之享受，但在心境和體力上是十分操勞，無法清閒的。能享受稍多一些的外在物質享受，內心已得到滿足了。因此，紫微坐命的人，能享的只是財福而已，仍勞碌不停。

紫微是官星，官星代表事業和掌權，事業好，能掌權就會有地位，受人敬重。命宮有紫微星的人，或『命、財、官』有紫微的人，皆愛做事業，愛掌權，倘若得不到自己想要的權力和事業，就會很不甘心，因此十分努力。命格中有刑剋的人，為『刑官』格局，就掌不到權，也不愛工作，或工作多起伏不順了。

官星亦代表政治鬥爭，故有紫微在命宮，或在『命、財、官』的人，是十分政治性的人物，在處事和人際關係上，很輕易、又很有直覺性的就能掌握住重點，和重要人物，在關鍵性的時間和權力

運作上十分敏感，因此凡有紫微在『命、財、官』的人，都具有在事業上的競爭力，也能把握機會力爭上游，形成良好的奮鬥力。

紫微入命宮還有一重要特質，就是須有左輔、右弼相輔

紫微在命宮，需有左輔或右弼同在命宮，或在三合宮位及對宮（遷移宮）和吉星一同照守，才能真正主貴。否則仍為不貴之命格。

有紫微在命宮，再有左輔或右弼同入命宮，是雙倍增吉，及雙倍增加平撫災厄的力量，也能有雙倍增高貴、增權力、主控力的力量，自然地位會高。這是左右手發揮力量，因此能得到擁護、愛戴，自然而然的擁有主控力的權力、地位。倘若紫微本身再居廟時（在午宮），這是最高層次的命格。人生中也一定大有作為，能成就大事業。但命格中不能再有其他的煞星同宮，否則左輔、右弼助善，也助惡，就無法形成好的助力了。

例如：『紫微、擎羊、左輔』同宮入命時，左輔幫助的是『刑官』格局，故其人會更陰險，但工作能力不強，或不工作，但有人會幫忙生活平順，故能得到別人養活，供給花用，生活無虞，但仍不為好的命格。

例如：『紫破、左輔、右弼』同宮入命時，左輔、右弼幫忙紫微高尚、爭權力、爭享受、爭一切高級的享用，但也幫忙紫破坐命的人，花錢、破耗更凶，在觀念上更和常人不一樣，為人大膽，不按牌理出牌，也易桃花多、愛享受情色桃花，反而在人生層次上打拚不力，也易靠人過日子，靠人提供錢財花用。

有紫微在命宮，再有左輔、右弼在對宮相照時，是遷移宮中有

左輔、右弼，表示周圍環境中有左、右手相輔助，自然，遷移宮中要有吉星和左、右同宮為吉，才有助力。若遷移宮中有羊、陀、火、鈴、劫空、化忌，再加左右，則環境中有凶煞愈幫愈忙來刑剋，更為辛苦，命格也不好了。

有紫微在命宮，若有左輔或右弼在三合宮位相照守時，是在財帛宮或官祿宮相照守，而左、右二星也是要和吉星同宮，不能有煞星同宮，才能在財、官上有助益，也才能使紫微坐命的人命格增高。

例如：紫破坐命的人，財帛宮是武殺，官祿宮是廉貪。**若有左輔或右弼在財帛宮，賺錢會更打拚，也更辛苦，錢也會更少**。因財帛宮是『因財被劫』的格式，再加左輔或右弼，劫財又更凶，更增辛勞，賺不到錢了。**若左輔或右弼和廉貪在官祿宮同宮**，則工作職

位更低、人緣更差、頭腦更不清、工作能力更不足，人的品行也不好。一生也難以主貴了。

由此可知，紫微加左右，能主貴的命格，其實也不多了。而且**左輔、右弼所在的位置，其實也嚴重的影響人生的變化。**

第二節　紫微的格局

紫微的格局

1.『君臣慶會』

有紫微入命，『命、財、官』再有吉星居旺及文昌、文曲居旺，再有左輔、右弼一起在三合宮位相照守，對宮也無煞星相沖剋的命格格局，稱之為『君臣慶會』。此命格以命坐午宮者較易得之。

2.『輔弼夾帝』

有紫微在命、財、官等宮出現，再有左輔、右弼相夾紫微者稱之。但此格局實際上對人並無實際利益。如紫微在命宮，有左、右相夾，必是在午宮及申宮相夾未宮，是三月和五月生的人。或子宮或寅宮相夾丑宮，是九月和十一月生的人。而在丑、未宮有紫微者，必是紫破坐命的人，其實也是父母宮及兄弟宮相夾命宮，這種力量還是不佳。有這種格局時，會六親不合，家中是非多，早日離家打拚，和父母、兄弟緣淺，並不能真正得到輔助。因為父母宮是左輔或右弼單星獨坐，為庶出之子或別人帶大，而兄弟是天機、右

弼或天機、左輔，兄弟聰明，但是非多、不和的關係，因此無益。

倘若紫破是在財帛宮，則是輔弼分別在子女宮或疾厄宮來相夾，這對人來說也是沒有助力的。倘若紫破在官祿宮，則輔弼分別在田宅宮及僕役宮來相夾官祿宮，表面看起來朋友助力是有的，但房地產及財庫波動較大，仍是不算吉格。故『輔弼夾帝』對人並無實質上的好處。

3. 紫微、輔弼同宮，一呼百諾

紫微坐命，再有左輔、右弼同宮，則有左右手，能幫助紫微地位增高，有領導力、掌權，受擁戴、尊敬，也更有平撫災厄的力量，凡事平順、享福，也有人幫忙做事，為一個領導階級的人士，一呼百諾的狀況，是自然而然的形成的。此命格以紫微在午宮居

廟，再加一個左輔為最高層次。

※**紫微加左輔在午宮的層次較高**，是因為左輔代表平輩男性貴人。如果要在事業上、或社會上立足，則必須在男性社會中有競爭力和主控力，故以男性平輩貴人為重要。

紫微加右弼在午宮的層次較低一級，是因為右弼代表的是女性平輩貴人，也具有保守的、家庭性的特質，在事業上的助力則有限，故層次略低。

4. 『金輿扶御輦』

紫微在午宮坐命，無湊殺，亦無煞星相照者，稱之『金輿扶御輦』。有貴命。

5.『紫府朝垣』，食祿萬鍾

此指紫微、天府在對宮來朝。如七殺在寅、申宮坐命，紫府在遷移宮來朝，稱之。或是紫府在三合宮位來朝。例如武相坐命。財帛宮為廉府，官祿宮為紫微。或是廉相坐命，紫府在財帛宮來朝稱之。此皆主富貴，有良好事業，有富裕人生。

6.『君子在野』

『君子在野』，小人在位。指紫微和煞星同宮，尤以紫微和擎羊同宮在子、午宮為最，主其人性格奸詐、假善，易積惡，不吉，也易不工作或工作能力差。有此格局者，亦稱『奴欺主』。是帝座為小人挾持，故稱『君子在野』。

紫、廉、武

紫微賺錢術

從前有諸葛孔明教你『借東風』
今日有法雲居士教你『紫微賺錢術』

這是一本囊括易術精華的致富法典
法雲居士繼「如何算出你的偏財運』一書後
再次把賺錢密法以紫微斗數向你解盤，
如何算出自己的進財日期？
何日是買賣股票、期貨進出的大好時機？
怎樣賺錢才會致富？
什麼人賺什麼錢？
偏財運如何獲得？
賺錢風水如何獲得？
一切有關賺錢的玄機技巧，盡在『紫微賺錢術』當中，
讓你輕鬆的獲得令人豔羨的成功與財富。
你希望增加財運嗎？
你正為錢所苦嗎？
這本『紫微賺錢術』能幫助你再創美麗的人生！

第三章　紫微的形式

紫微星有很多形式，有單星和雙星的形式。當紫微星與另一顆主星並坐同入宮位時，為『雙星』的形式，例如紫府、紫相、紫貪、紫殺、紫破同宮，會形成『雙星的形式』。當這種雙星的形式形成時，其意義都會不同。

例如紫府雙星並坐，為『財官』形式。主事業、財富同高。紫相雙星並坐，為『官印』形式，主事業、掌權上有力量。紫貪同宮時，為『官運』形式，因貪狼居平的關係，主平順和事業上少許的貪心、好運。紫殺同宮時，為『官殺』形式。主事業上之打拚、勞祿。紫破同宮時，為『耗官』形式，主事業上之起伏，會高高低低。

紫微星為官星，**當紫微與文昌、文曲、左輔、右弼同宮時，會形成『輔官』或『傷官』形式**，這要看所在宮位落在何宮而定。當紫微與羊、陀、火、鈴、劫空、化忌同宮時，會形成『刑官』的形式。因此，紫微的形式會決定每個人不同之命運，這是大家所必須理解的。

第一節　紫微單星的形式

紫微單星的形式

是指紫微單星在子宮或午宮時所會遇到的形式。

『助官』和『輔官』的形式

紫微、左輔在子宮或午宮為『助官』和『輔官』形式，表示帝座有輔相，有領導力，能得到尊貴之地位，和領導力與御統群眾之力量。左輔為平輩的男性輔佐貴人，故在事業上，或男性社會中有競爭力。能向外開展，事業的規格較大。如果『紫微、左輔』為命宮時，但在福德宮會有另一顆右弼星和破軍同宮，表示自己本命會主貴，地位崇高，得到尊敬和掌權，但天生也更勞碌，會有另一個女性平輩貴人在暗中增其忙碌及幫忙破耗。而此人天生也會有愛打拚及保守和破耗凶的內在性格。

紫微、右弼在子宮或午宮亦為『助官』和『輔官』形式。亦表示帝座有輔弼之相，也能得尊貴之位和權力，但會態度保守。格局稍小，也未必會向外開展，事業的格局和規模不算太大。因為右弼

是平輩女性貴人，且具有女性小心謹慎、保守、專制、天真、桃花多的特質，會限制紫微向外發展的力量，仍能主貴，但有限。若『紫微、右弼』在命宮，同時福德宮會有『破軍、左輔』同宮，表示此人桃花多，異性緣好，有女性貴人在幫助事業，若是做與女性有關的事業，或工作上有女性夥伴一同工作，能有順利的事業，但天生也會有男性的親人或同事、對手在使你必須更打拚、忙碌，也更破耗不停。

以上這兩種『輔官』形式，實際上也會使人更勞碌不停，目標一個接一個，一生難有歇息的時刻。

紫微、文昌或紫微、文曲在子宮為『輔官』形式

紫微、文昌在子宮，紫微居平，文昌居得地之位（還算旺位），

紫微是官星居平，因此事業不旺，但文昌仍在旺位，故可精明幹練、計算能力好，計算利益條件的能力好，能輔助事業、地位增高、增強，故為『輔官』形式。但本命會窮。因在寅宮（其福德宮）會有破軍、文曲同宮，會一生勞碌更甚，不富裕。

紫微、文曲在子宮，紫微居平、文曲居旺位，文曲是口才好、人緣佳，桃花多、才藝多，名聲響亮，以及身體、韻律感方面的才華敏銳的星曜，也會讓人活潑好動，追求名利，故和紫微同宮時，也是『輔官』形式。其寅宮為福德宮也有破軍、文昌同宮，也主勞碌，一生較窮、無福。

紫微、文昌或紫微、文曲在午宮為『傷官』形式

紫微、文昌在午宮，紫微居廟、文昌居陷，紫微是高高在上，

紫、廉、武

具有氣派的外表和尊貴地位，但文昌居陷同宮時，是表示外表粗俗、沒有文化水準、計算數字的能力不好、計算利益的觀念也不佳、較愚笨，理財和做事的能力皆不佳，有瑕疵。因此文昌會拖累紫微。倘若文昌和紫微在午宮坐命時，此人就是外表粗獷，但長相還算氣派的人，知識水準不高、言行粗俗、不斯文、頭腦也不聰明，會做粗重、不細緻的工作，自然社會地位也不會太高，此人具有草莽性，也容易是黑社會，或做黑手起家，稍有地方勢力的人，但無法入政府做高官。因此稱此形式為『傷官』形式，表示事業上不會有大作為。在申宮其福德宮亦為破軍、文曲，主勞碌、較窮。

紫微、文曲在午宮，紫微居廟、文曲居陷，如果在命宮，其人外表還氣派，但口才不好，較靜、沒有才華，易孤獨，能力也不佳，亦也一生難有大作為，事業普通、地位不高，也較難出名，是

『傷官』形式。福德宮在申宮，為破軍、文昌，會為文藝之事勞碌，為窮儒色彩之人。

『刑官』形式

紫微、擎羊同宮

為『君子在野』之格局，亦為『奴欺主』之格局。

紫微、擎羊在子宮，紫微居平、擎羊居陷，如果在命宮，其人會性格懦弱、陰險，身體有傷或身殘，其人一生命運也不太好。『紫微、擎羊』為『刑官』格局，故無事業或不工作，或工作不長久，較懶惰。一生中趨吉避凶的力量也不強，易遭災，及人生不順。

紫微、擎羊在午宮，紫微居廟、擎羊居陷，亦是『奴欺主』及

『刑官』格局。其人一生趨吉避凶的力量是大打折扣的，會不工作，或工作不長久，只為平常人之命格，易奸險、陰詐，只享一些小福或懶惰之福，工作能力較弱，得財也不多。

紫微、祿存同宮

紫微、祿存同宮時，其實是限制了紫微崇高及尊貴的地位，也限制住了紫微所得的財富，如果在命宮，此人是保守、性格內向、小氣、吝嗇的，但長相還體面，在事業上會保守，無大發展，會勞碌，賺自己不太多，但足夠衣食少少的財，也會不太喜歡掌權、爭地位。因其為『羊陀相夾』之結果，也有被小人挾持之狀況，與家人不和，在人生中無助力可言，故尊高之地位也受到挑戰而不吉。紫微趨吉避凶的力量也會較弱、較小。其人也無法向外打拼，事業上奮鬥的格局也較小。**在午宮時**，其人財祿稍豐一點。**在子宮時**，財不豐，有衣食而已。

紫微、火星或紫微、鈴星同宮

紫微、火星或紫微、鈴星同宮時，都是『刑官』之形式。在子宮時，紫微居平，火、鈴居陷，因此趨吉避凶的力量很薄弱，壞的時候多，好的時候少，只是虛有其表，外表長相還氣派而已。如果在命宮，主其人頑固、衝動、脾氣火爆、古怪，事業不順，多起伏、頓挫，一生不易平順。會有『火貪格』或『鈴貪格』等暴發格，大起大落。

紫微、火星或紫微、鈴星在午宮時，紫微居廟，火、鈴也居廟，還是『刑官』形式。如果在命宮，此人外表會氣派多一些，但頭腦有特別古怪之聰明，也脾氣古怪、衝動、火爆，人生多起伏，做事多波折、多是非，事業也會不順。這是因為聰明得古怪、頭腦價值觀古怪的緣故所造成的。在人生中會有『火貪格』或『鈴貪格』等暴發格，人生中有大起大落的現象，也不易守成，事業成敗不定。

紫、廉、武

『官空』與『劫官』形式

紫微、天空同宮，為『官空』形式。紫微、地劫同宮為『劫官』形式。這兩種形式都會造成其人頭腦有怪異聰明，但不實際，會有不實際的想法，而事業多起伏，或想做大事業，小的工作或事業不愛做。

紫微是官星，也代表公家機關的工作。故有『官空』或『劫

官』形式時，也無法做公務員，或做不長久，易轉行，跑去做生意，或不工作。

紫微和化忌同宮

紫微和文曲化忌同宮，在子宮，紫微居平、文曲化忌居旺，表示是頭腦不清楚，才藝和才華古怪，易說錯話，多是非，人緣不太好，易有奇怪的桃花，一生事業有起伏，事業普通或不順利，也難出名，或難有大發展，是一般小市民的命格。

在午宮，紫微居廟、文曲化忌居陷，表示是頭腦不清楚，口才拙劣，人緣不佳，無桃花，一生雖仍能平順，可過活，但智慧不高，事業無發展，才華貧乏、難出名，工作不順利，或做做停停，要有固定的職業，人生才會平順。也為一般小市民之命格，但享粗

俗的福氣能多享一些。

紫微和文昌化忌同宮，在子宮，紫微居平，文昌化忌居得地之位，表示只是普通的平順，但觀念和價值觀古怪，計算數字和利益的能力雖有，仍常發生錯誤。在錢財上會起起伏伏，頭腦不清楚，易轉行，或愛學旁門左道的學問或知識，工作不長久、多起伏。**在午宮，紫微居廟、文昌化忌居陷**，表示頭腦不清，智慧不佳，觀念和價值觀及計算能力差，常易有出錯和遭災的問題，但能平復，錢財少，事業做不長，易轉行，或不工作，知識水準低。一生易默默無名。

紫微和文曲化忌或文昌化忌同宮時，皆是『刑官』形式，因此會影響人的打拚能力，也影響人生的順利度，和人生層次的高低，更會影響人的智慧，故只為一般小市民的命格。

第二節　紫府的形式

紫微、天府同宮，是雙星並坐的形式。會在寅宮或申宮出現，這是『紫微在寅』或『紫微在申』的基本盤局形式。在寅宮時，紫微居旺、天府居廟，在申宮時，紫微居旺、天府居得地之位，因此紫府在寅宮或申宮，其意義是稍有不同的。紫微趨吉除厄的力量都是同樣強勢旺盛的，但因天府的旺度不同，雖同樣是財多，但仍以在寅宮時，財更多、更旺，而以在申宮為較次級的財多了。

紫府同宮的意義是：能具有像帝王般的財庫之財富。在寅宮的財富大更會存錢，在申宮的財富略小。存錢能力稍弱一點，但也比常人特別會存錢了。紫微是官星，是事業之星。天府是財庫星，因此表示是事業上得財很多的形式，是故必定要工作才會有很多財，無工作則無財。

紫府剋應：

在人——為公務員、有錢有勢之人、銀行行員、銀行主管、小氣的老闆、公司行號管理階級人員、課長、副理、襄理、公務人員、小店經營者、商店店長、稅捐處人員、金融機構收納人員。農場負責人、大地主。房屋仲介。

在事——代表會計事務。政府收稅之事。教書之事。收錢與理財之事。十分穩當的存錢之事。高薪收入。金融機構之業務。房地產租賃買賣之事。農牧產品出售之事。必須看的緊、錙銖必較之事。商店生意買賣之事。政府機關公務之事。

在地——代表風景秀麗的高山、丘陵地。外型美麗、價值又高的豪宅或高樓大廈。政府的銀行、金庫。城市中最精華的高級住宅區、裝飾美麗的名人墳墓。高級有名的餐廳。五星級大飯店、高級旅舍。美麗高級的庭園及觀光勝地。博物館。

在建築——代表外表裝飾繁複精緻美麗的豪宅、高樓。亦代表外表橫寬及體積龐大、建築雄偉。亦代表外型是土型的建築物或是土石建材建造之建築物。或是建造在小山崗或小丘陵地上之土黃色之建築物。

在物——代表首飾珠寶。古董。值錢的鐘錶。高級的動產、不動產，如高級房車等。大筆的銀行存款。高級的水果、高級農產品。精密高價值的機器。值錢的產業。

在疾病——代表脾胃、消化系統之毛病、口臭、風濕、腳氣病、與濕熱有關之疾病。在寅宮，為胃熱、脹氣。在申宮，為胃寒、胃酸多。

紫・廉・武

紫府入命宮

當紫府入命宮時，在寅宮，其人的臉龐膚色較深，偏黃較黑，身材瘦或較矮，幼年家境較窮。在申宮，其人的臉龐膚色黃稍白，身材較豐腴、稍高一點。凡紫府坐命者，幼年易身體有缺傷或家庭中有缺陷，其人性格保守，有才智，外表穩重，一板一眼，做事認真、負責、小氣，得人喜愛，也會具有領導力。**凡家中生出紫府坐命的人**，無煞星來同宮受制的人，**必為家庭帶來財富**。但需離家，離開出生之地，才會有發展。其人有才智，天生會理財，也能聚財，會存錢儲蓄，能儲蓄致富。**命格中也有『武貪格』暴發運格**，

財富能倍增很快。**但壬年生的人，雖有『紫微化權、天府』在命宮，一生仍不富裕**，理財能力也不好，這是因為有武曲化忌在財帛宮三合照守之故。其人會花錢好享受，但工作不力，一生只在打平生活而奔忙。這是屬於有『刑剋』色彩的命格。反而紫微化權只是加重其人的頑固和撫平災禍的力量而已。撫平災禍的力量大，就表示災禍多，又和天府同宮，故是錢財上的災禍多。紫府坐命者的財，都是自己賺的錢財，幼年家中貧困或小康（在申宮者），是故其人一生打拼的目標，都是在錢財之上。紫府坐命者，有『陽梁昌祿』格的人極少，故有高知識水準和高學歷的人也極少，一般只在社會大眾中做一個稍富裕又勞碌之普通人而已。能力好的人，也能積富為一富翁。

紫府的形式

紫府、祿存

紫府、祿存同宮的形式，祿存會規格化紫府的財祿，使紫府的財祿變小、變保守，無法向大處發展。是故『紫府、祿存』坐命者，會性格保守、小氣，愛存錢，是個守財奴，但所賺的錢也是不算太多的。他們會幼年家窮，和家人不和，必需離家發展，自己身體狀況也較弱，因命宮為『羊陀所夾』，和父母、兄弟不和，一生時常怕受人欺侮，本身又對錢財吝嗇，會較自私，人際關係不好，一生雖在錢財上有好運，但人生成就不高，終身操勞，也未必會成為大富之人。生活會平順，愛享福，注重物質生活。

紫、廉、武

紫府、陀羅同宮

紫府、陀羅同宮時，是『刑官』和『刑財』格局。**乙年生的人，有『紫微化科、天府、陀羅』同宮**，這是外表斯文、氣派，但有點慢和笨的性格，做事易拖拖拉拉，在理財能力上有瑕疵，但仍能稍富裕，所賺的錢會比無刑剋的人少很多，耗財也更多一些。**辛年生的人**，要看文昌化忌在那一宮，就知道耗財及計算能力不好的問題出在那裡了。倘若**辛年生的人，『紫府、陀羅、文昌化忌』同宮在官祿宮**，就是事業上雖也能賺到錢，但也會笨，和頭腦不清，易改行，或事業有起伏，所賺的錢來來去去，人生也起伏很大，這也是有刑剋的事業運了。

陀羅會把紫府的錢財消耗，或賺錢時太笨、賺得少一些、慢一些。

紫、廉、武

紫府、火星或紫府、鈴星同宮

當『紫府、火星』或『紫府、鈴星』同宮時，是『刑官』和『刑財』格局，**在寅宮**，火、鈴居廟，表示會衝動，脾氣急和火爆，思想不周詳，而使紫府的財祿易耗財或變少。但火、鈴居廟時，偶有意外之財，但這個財不大，反而耗財快，財來財去得快。也會有古怪聰明使財耗損。紫府是穩重的星，火星、鈴星是衝動、急躁的星，同宮時會有衝突、相剋。同時這也代表紫府的財是突然熱鬧時財很多，是一票一票的，是突然得財，若不熱鬧或人少、冷清時，就無財或財少了，工作也會變化。起伏多，或轉行快。

在申宮，火、鈴居陷，天府也只在得地之位，故刑財刑的較凶。亦會衝動而刑財。而且毫無意外之財。常會因思慮不周，或脾氣急躁而耗財，使財變更少了。也會常冷清，進財少。但與其他的星曜比起來，還是有財的。在事業上，會做做停停，不長久，工作多起伏，易有不順。

紫府、天空或紫府、地劫同宮

當『紫府、天空』或『紫府、地劫』同宮時，其對宮必有『七殺、地劫』或『七殺、天空』在相照，表示當本身是『官空、財空』時，而外面的環境，就是『劫殺』的環境。當自身是『劫官、劫財』時，而外面的環境就是『殺空』的環境。這是由於自己思想上的不實際，而打拚能力不強、不好，所以自己的眼睛也看不到外面的財，或看不到外面可打拚的工作。所以這自然會使自己本身的財庫遭劫空，財祿變少了。凡有此命格的人，宜早日結婚，有人督促及幫忙出主意，人生才會多努力一點，才有財可進，否則易為無用之人。

紫府、文昌同宮時

紫府、文昌同宮，在寅宮，文昌居陷，代表計算能力不好，文昌會使紫府的錢財受刑剋變少。若入命宮，此人會看起來氣派但外表粗俗，文化水準不高，頭腦不聰明、較笨，計算利益的能力差，學習能力差，理財能力和儲蓄錢財的能力差，耗財多，愛存錢卻存不住錢。文昌其實是刑剋紫府的。**在申宮**，文昌居得地之旺位，能使紫府的計算能力變更好，更能增加紫府的財祿，對紫府有加分作用。若入命宮，其人外表氣派、斯文，富裕、頭腦聰明，學習能力好，理財能力好、更精明幹練，存錢更多、更有錢。其人計算利益的能力更精明，也會對人更吝嗇、小氣，錙銖必較、一板一眼，會成為能幹的富翁。

紫府、文昌化忌同宮時

紫府、文昌化忌同宮時，是辛年生的人，**在寅宮**，文昌化忌居陷，頭腦更不清，計算能力不好，知識水準低，會有奇怪又笨的思想來耗財，或賺不到錢，存錢不易，理財能力不佳，常有文字、契約及思想觀念上所造成之災禍，易不富裕，財來財去，易轉行或工作不長久，人生多起伏。**在申宮**，還有陀羅同宮，文昌化忌居得地之旺位，也是頭腦不清、較笨，會刑財、刑官，事業做不長，易改行，有文書、契約上之災害，思想、觀念奇特，想法扭曲，做事進退多變化，持久性不佳。也易無法學以致用，會走到其他的行業之中去。但外表還斯文，知識水準還算高，或做文職工作，發展性不算太大。

紫府、文曲同宮

紫府、文曲同宮，在寅宮，文曲居陷，代表才華不佳、口才不好，不愛動，人緣較差，周圍較冷清、不熱鬧，也會刑到紫府的財，使財不多，會耗財或賺錢少。事業受制發展不大。**在申宮**，文曲居旺，代表才華好、好動、口才特佳、人緣好、桃花多，周圍熱鬧，會增加紫府的財，使賺錢多及存錢多，能聚集錢財，事業做得好、又旺。

紫府、文曲化忌同宮

紫府和文曲化忌同宮時，是己年生的人，**在寅宮**，文曲居陷，

紫、廉、武

會才華少，口才拙劣，常惹是非，周圍冷清，一有人多時就有是非，會刑財、刑官，事業不順，賺錢少，一生難成名，一生的錢財少，但能平順有衣食之祿而已。事業受到打壓，做做停停、不長久。**在申宮**，文曲化忌居旺，才華古怪、口才雖佳，愛講話，但有是非，周圍還算熱鬧，但是古怪的熱鬧，熱鬧時也多是非，在是非中進財，財不多，比前者稍多。一生出名的機會中帶有是非，不出名則財多一些，大多無法出名。

紫府、左輔或紫府、右弼同宮

紫府和左輔同宮，或紫府和右弼同宮，只要沒有其他的煞星同宮並列，左輔、右弼都能替紫府增財、增富貴。此格局為『輔官』和『輔財』的形式，能增加事業運，在事業上有幫手。更能增加物

▽紫、廉、武

質生活上的富裕程度，享用最優等、最貴族化的物質享受。左輔代表的是男性平輩貴人。右弼代表的是女性平輩貴人。是故，有此格局時，便有人緣，有合作精神，善於處理事務，尤其是工作上和賺錢理財方面的事務，但不利婚姻和愛情方面的感情，也不利考試讀書和升官。適合做合作、合夥性質的工作或生意。有此格局的人，在錢財和事業上雖能做的大，但仍有進進退退、起伏變化，也會偶有不順，可是復原的機會大，也容易復原，因為紫微趨吉平復的力量也是雙倍增強的，以及天府財庫星的儲蓄力量也是雙倍增加的。此命格的人，做事會有失敗重做的時候，再做一次，成功的層次會更大，因此也不算是不好的經驗了。

紫、廉、武

紫府、左輔化科同宮

紫府、左輔化科同宮時，是男性平輩貴人，很有方法的輔助你的事業和增強、增多財富。相對的，你仍有失敗重做的時候，但會很有方法的，很技巧的將之復原，會更上一層樓，成功的結果會層次更高。

紫府、右弼化科同宮

紫府、右弼化科同宮時，是女性平輩貴人，很有方法的輔弼你的事業和財富，會使財富增多、理財能力好、賺錢容易。但右弼有保守、固執、自私、劃地自限的內容、含意，也多半在家庭中或家人間做小範圍的輔助。是故這種幫助是較有限的，不強的。也可能是家人中兄弟姐妹很有方法的為你省錢和儲蓄，以備你的後援，但

真正在事業上，幫你賺錢的功能是較小、較差的。有此格局時，也會失敗重做，但會有女性平輩貴人很技巧，很有方法的支持你，鼓勵你，讓你從失敗中復原，而更上一層樓。

第三節　紫相的形式

紫微、天相同宮，是雙星並坐的形式，會在辰宮或戌宮出現，這是『紫微在辰』或『紫微在戌』的基本盤局格式，雙星皆居得地之位，但因紫微五行屬土、天相五行屬水，在辰宮時，辰宮是帶水的土宮，紫微弱一點、天相旺一點，天相是勤勞會理財的福星，故在辰宮的紫相能幹和勞碌一點、財多一點。在戌宮是火土宮位，紫微較旺，而天相福星受制，故福弱一些、財少一點，但可平順，享福偷懶多一些。

紫相同宮的意思是：能具有像帝王般高貴享福的權力。天相是印星，代表掌權，故也能掌握一些最高的權力。因此有紫相同宮在命格中時，愛管事，善於打理善後。因對宮有破軍相照，故必處於雜亂、競爭多、爭鬥多、不平靜的場所和環境之中。

紫相剋應：

在人——為公務員。中等層級之公務員。公教人員。工程人員。銀行行員、主管。電子、電器工廠老闆。管理階級人員。商店店長。稅捐處人員。金融機構人員。會理財或會整理環境的人。法院調停人員。公司會計人員。服務業之人員。公司機構之經

紫、廉、武

▽紫、廉、武

理、襄理、副理、課長等官階。公家機關、軍警機關管膳食、後勤之人員。政府機關或公司行號掌印鑑之人員。工程復建人員。

在事——代表會計事務。收錢與理財之事。教書之事。政府稅收之事。高薪收入。金融機構之業務。所有的工程事務。觀光及招商之事。高級享受之事。精緻的吃穿之事。美容整型之事。愛漂亮、愛現之事。蓋章用印重大之事。開支票付款之事。

在地——代表風景美麗的有山有水之地。美麗流動迅速的小溪。美麗的海邊沙灘。高級精緻的噴水池。城市中最精華的休閒區。護城河。裝飾美麗的游泳池。高級服飾店。高級餐廳。四星級酒店。溪流旁的遊樂勝地。

在建築——代表裝飾美麗、精緻的民宿旅館。不高卻美麗討喜的房

舍。亦代表外表橫寬平頂或屋頂為波浪型、體積略大的長條型建築。亦代表外表是土黑色的建築物。或是土黃色與藍色相間的建築物。或是建造在溪邊或海邊的美麗房舍。

在物——代表鑲水鑽的首飾珠寶。水晶印鑑。古董印章。有價值的古書、古籍。精緻值錢的名牌服飾、用品。豪華餐點。波浪型的飾品。有波浪型衣擺的服飾。銀行存款、預備金。

在疾病——與脾胃、膀胱有關連之病症。糖尿病、氣虛、內臟寒濕等毛病。淋巴系統之毛病、內分泌系統之毛病、泌尿系統之毛病。

紫相入命宮

當紫相入命宮時，其人外表溫和，講道理，但易內心急躁、較

紫、廉、武

悶，因命坐辰、戌宮為庫宮，主富。又為墓宮，又為天羅、地網宮，故常覺心悶，有志難伸。常有衝動想改變周圍的現況，但也欲振乏力。對周遭的事情常不滿意、意見多，主要是想要掌權管事。易對上司或父母不滿和不合，叛逆性強，易有爭執。情緒不穩定，易改變主張。其人是外表長相氣派、端正、穩重，但會富而不貴，易為有虛名的人。

紫相坐命的人，父母宮是天梁陷落，不易受到父母和長輩的良好照顧。其人也容易出生在家中多爭執、父母不合、或較窮、或家族沒落的家庭之中，是故他們是來振蔽起衰、匡復家庭的人。因紫相皆在得地之位，故趨吉呈祥的力量也只在中等左右。

紫相坐命的人若無刑剋，財、官二位非常好，財帛宮是武曲、天府，官祿宮是廉貞居廟，表示能用智謀來賺大錢。但紫微是官星、天相是印星和福星，故其人最好的主貴的路子，是做公務員，能做到中等以上的中高職位。他們也喜歡從政，和政治接近，能有協調能力，常為主持公道的人。八字中木少的人，則多不主貴，易從商賺錢，外型也較粗俗。

紫相坐命的人，喜歡理財，刑剋少的人則很會理財，也喜歡享福，對衣食感興趣，喜歡物質生活上的享受。

壬年生的人，**命宮有紫微化權、天相的人**，特別頑固、意志力強，為主貴不主富之格局，因財帛宮有武曲化忌、天府，還有擎羊同宮或相照，故錢財上易不順，一生為財所苦，始終在打平生活所需而費力，必須要有固定職業才能略平順。

乙、辛年生的人，有擎羊在命宮，或在對宮和破軍同宮相照的人，為『刑印』的格局，其人會懦弱、陰險，易受欺負，一生沒有成就，無法掌權，也無法負責任，雙肩挑不起責任。凡事投機取巧、推諉、陽奉陰違。

紫相坐命者在夫、官二宮有火星或鈴星進入時，為『火貪格』、『鈴貪格』等暴發運格，一生有大起大落的人生，也能發富或形成貴運。

紫相坐命者，一生打拚的目標，是在享福上，享財福或一般較好的生活享受之福。

紫相的形式

紫相、擎羊同宮

紫相、擎羊同宮，是『刑印』格局，無論在何宮，都主『懦弱』、陰險，掌不到權力，容易被人欺侮、奪財，及不給面子，這同時也是『奴欺主』的格局，因此易受人打罵，或易遭凶惡難堪之境界。**在財帛宮**，就是錢財、賺錢上易受欺侮。**在官祿宮**，易工作領不到薪水，及常無緣無故被辭退。其人也會做事多陰險、愛貪小便宜，因小失大，或做事不負責任，讓人看不起。其人也易說謊和易掩飾自己的過錯，不承認過失。並且常運氣不好，受人指責。這些問題有些是他們自己的過失所招惹的，有些是別人太凶而強橫的加於他們身上的，不過他們都會默默的承受而無法反擊。

此格局也是刑財格局，故也不會理財，易勞碌和生活不順，賺錢少，或即使有錢也易耗財。身體上也會有問題，工作不賣力，人生常發生問題，人生也不平順。『紫相、擎羊』在官祿宮時，是工作上易懦弱，受刑剋，工作不力，易會不工作，或工作不長久，斷斷續續，一生無大發展。凡此格局在『命、財、官』及『夫、遷、福』的人，皆一生不平順，會懦弱、陰陰、無成就、耗財，不負責任，多為無用之人。

紫相、陀羅同宮

紫相、陀羅同宮也是『刑印』格局，但無前者刑剋凶。雖不太過於懦弱，但頭腦笨，內心多煩悶，有精神上之痛苦，也是『刑福』和『刑官』色彩的人，內心不平靜，像陀螺一般原地打轉，轉不出來。因福德宮有七殺、擎羊，是天生精神上刑剋之痛苦，也會一生勞碌，享不到福。也會多耗財，不會理財，一生不平順。做事拖拖拉拉，思想慢半拍，頭腦頑固不化，得財不多，容易被騙，為一般普通人之命格。大運、流年逢子、午年有『七殺、擎羊』的年份運程，易有傷災或死亡。

紫、廉、武

紫相、鈴星或紫相、火星同宮

紫相、鈴星或紫相、火星同宮時，也是『刑福』色彩多一些的格局，其人有怪怪的聰明，思想不實際，性格衝動、火爆，思慮不周詳，也不夠穩重，雖外表還算老實，但脾氣壞，因此容易有傷災和不吉之事，或無法享到財福，易耗財和不會理財。紫微會力挽狂瀾、平復不順，但仍勞碌不停，會花較多的時間來做一些平復的工作，比起別人來，就不算特別好命了。其人會對一些科技性的工作或產品感興趣，但容易性急和三分鐘熱度，做事不長久，人生有起伏，和人生中易有意外事故發生。

紫、廉、武

紫相、地劫或紫相、天空同宮

紫相、地劫或紫相、天空同宮時，是『劫官』或『劫福』或是『官空』、『福空』的格局。其人易頭腦特別聰明，有古怪聰明及不實際的聰明，或異於常人價值觀的聰明，而使自己享不到太多的財福與精神享受。也易工作不長久，或有突發奇想而辭職轉行業，故在人生中易有蹉跎之事。因其福德宮亦有另一顆天空或地劫星和七殺同宮，表示天生打拚力量不足，不想努力打拚，故其人也會投機取巧，懶惰、打拚少，奮鬥力不足，或做事反覆，而人生蹉跎了努力的時間，使人生中所應得應享之福份少。

紫相、文昌或紫相、文曲同宮

紫相、文昌同宮時，其對宮會有破軍、文曲同宮相照。當紫

相、文曲同宮時，其對宮會有破軍、文昌同宮相照。『破軍逢文昌或文曲』皆是主窮困、有水厄的格局。故『紫相、文昌』或『紫相、文曲』同宮時，其周圍環境皆較窮困，且有水厄。但不同的是其人的外表長相和知識程度的高低，以及人緣好壞、孤獨狀況等等。

紫相、文昌在辰宮，其人外表斯文、文化水準高、長相較端正美麗、理財能力略好，為人較精明，學習能力好，做事認真、負責。但周圍環境是窮的環境，且人緣不算好，環境中常寂靜、易孤獨。能有固定的工作，賺一定的錢財，會理財，打平生活，無法大富。

紫相、文昌在戌宮，其人外表粗俗、不美麗、較醜、文化水準低，理財能力不好，較笨、不聰明，學習能力差，做事馬虎、不精細，粗里粗氣。周圍環境是窮又複雜、熱鬧的環境，故其人為小市

民，過低俗的生活的人。一生也無法大富，在粗俗中打平生活。

紫相、文曲在辰宮，其人外表溫和、口才好、油滑，但外在的環境是粗俗又較窮的環境，故易在低下的社會層級中討生活，一生不富裕，但有衣食而已，知識文化水準不高，一生難有成就。

紫相、文曲在戌宮，其人外表長相普通，較懦弱、口才不好，較靜，但外在的環境是清高，文化水準高，較窮的環境，易為『寒儒』色彩的人物，環境高尚、清高，文化水準高，有知識、有工作，一生就有飯吃、能過活。

紫相、文昌化忌或紫相、文曲化忌同宮

紫相、文昌化忌同宮時，是周圍環境窮，又頭腦不清，計算能力不好的命格。工作易改行，一生多起伏，工作不順利，難有發

紫、廉、武

展。**在辰宮**，還表面聰明，但計算利益的能力古怪，環境中冷清、較窮、人緣不佳、易孤獨。**在戌宮**，是笨又不聰明，計算能力差，常有金錢或文書上的是非，環境會熱鬧、又窮，常在社會底層為小市民，生活辛苦，工作能力不強，常換工作，無福可享。

紫相、文曲化忌同宮，是環境較窮，口舌是非多、沒有才華、頭腦不清的人。**在辰宮**，周圍環境文化水準低，為社會底層之小市民，易打混過日子，在是非糾纏中度日，工作能力不強。**在戌宮**，較靜，不會講話，仍多惹是非，會較孤獨，但周圍環境是清高、較窮、文化水準還高的環境。此人也一生多起伏、工作不長久、頭腦不清，做事能力不佳。

羊陀火鈴

紫相、左輔或紫相、右弼同宮

當紫相、左輔同宮時，在辰宮，對宮有破軍、右弼在對宮相照。當紫相、右弼同宮時，對宮有破軍、左輔相照。這是農曆正月或七月所生之紫相坐命之人。這表示說：

當命宮是紫相、左輔時，你本命是有平輩男性貴人來幫助你，或成為你的助力，幫助你愈吉祥、愈享福、愈有能力，會做事及掌權、有領導能力。但在你的遷移宮是破軍、右弼，而你的環境中，就是有保守、霸道的平輩女性貴人來讓你更打拚、更破耗，忙也忙不完。故你的外在環境中一定有個力量，或是有某些問題在騷擾你或督導你，使你拼命去努力工作，努力賺錢。所以你事業有成就，也是被逼的。你會破耗更凶，必須不斷打拚，去工作或賺錢，但你始終都有辦法解決問題和困難。相對的，你的問題和困難也特多，讓你忙也忙不完，但幫你的是男性平輩之人。刑剋你、督促你的是女性平輩之人。

當命宮是紫相、右弼時，遷移宮就是破軍、左輔，表示你本命有領導能力，但保守，有些小家子氣，有平輩女性貴人在幫助你享福及賺錢，工作能力好，但在環境中有男性平輩之人在逼你打拚，幫助你消耗，使你不得不努力，因此使你忙個不完。你的問題和困難多，但也會成就大。幫你的是平輩女性，刑剋你、督促你、耗你的財的人，是男性平輩之人。

紫相、左輔化科或紫相、右弼化科同宮時

紫相、左輔化科同宮時，對宮仍有破軍、右弼相照，表示周圍環境有平輩女性，使你忙碌及破耗，但你天生很有方法及領導力，

也會有平輩男性很有方法的來幫助你事業更高，生活更平順、享福，賺錢更多，人生更有成就。

紫相、右弼化科同宮時，對宮仍有破軍、左輔相照。表示周圍環境中有平輩男性使你忙碌不停，破耗更凶。但你天生很有方法及領導力，會用一種保守、內斂，只對自己人好的方式來使自己平順。同時也會有女性平輩之人用保守、小氣、霸道的方式，又很有方法的來幫助你，使你享到福，或理財能力強，來撫平破耗或不順，生活變得好。

第四節　紫貪的形式

紫微、貪狼同宮，會在卯宮或酉宮出現，這是『紫微在卯』或『紫微在酉』命盤的基本格式。紫微居旺、貪狼居平，因此好運只有一點點，完全靠紫微的力量來趨吉平順。紫微屬土，貪狼屬木，這是土木相剋的局勢，在卯宮時，貪狼會稍旺，紫微較弱，故紫貪在卯宮，吉祥的力量是不算太強的，其人性格也稍軟弱一點。在酉宮，是屬金的宮位，土能生金，紫微稍旺，貪狼較弱。其人性格會頑固多一些。這是專以紫貪入命在卯、酉宮，宮位不同，來做的比較的。

紫貪同宮的意思是：有一點貪心，能過尊貴稍好、如帝王般的享受日子就好了。貪狼是貪星，同時也是好運星，居平時，好運只有一點點，也會桃花多，打拚能力不強。故紫貪坐命的人，或紫貪在命、財、官、遷、福的人，若桃花重，則人生無法有成就了。

紫貪剋應：

在人——代表公務員。軍警人員。教師。演藝人員。酒店公關人員。政府機關中級主管。藝品店老板。酒店老板。氣功師傅。證券公司及投資公司營業員。廟宇住持。外交部禮賓司之接待員。總機小姐。公司、機構之接待、公關人員。需交際應酬之營業員、推銷員或仲介業。

在事——代表國家教育之事。高薪收入。金融機構開展業務之事。政府稅收之事。政府所主導之彩券發行之事。政府外交聯絡之

紫、廉、武

事。一般人交際應酬之事。喝酒、賭博之事。公務員貪污之事。觀光招商之事。美容整型之事。大型選美活動。運動、球賽之比賽活動。

在地——代表風景美麗之樹林。裝璜高級之酒店。有名的學校。教育部、外交部。有名的藝品店。有名的氣功教授館。證券投資公司。有名的廟宇。有名之風月場所。高尚的表演廳。國家劇院。高級戲院。派出所、警局。橋樑。公共娛樂場所。有電線桿之處。有旗桿之處。

在建築——代表瘦高、美的豪宅。亦代表在森林中美麗的大樓。亦代表外表是土黃與綠色相間的建築物。或是外表是橄欖綠的大樓建築。亦代表外表是土牆木結構或木石結構的建築物。

在物——代表精緻的藝品。精緻昂貴的樂器。古董樂器。年份好、

▼紫、廉、武

久藏的名酒。精緻的棋子。精緻的木質、雕刻品。有價值的古書、古籍。

在疾病——脾胃、肝、膽、腎臟相關之疾病。腳的毛病。神經、系統的毛病、血液循環不良症。白癬瘋。臉部、手足等神經不良症。手足酸痛之症。性病。

紫貪入命宮

當紫微、貪狼入命宮時，外表美麗，身材好，因坐命桃花地，桃花多、人緣好，為『桃花犯主』之格局。本性固執，容易染上酒色財氣，也喜結交權貴，好拍馬屁，會做官，易升級，受上級器重，適合做公關人才。有空、劫入命或相照命宮的人，較無桃花，可以習正，為人較為正派，但一生好運也不太多了，易入宗教，思

想較清高，易習哲理之學。

紫貪坐命者，財帛宮是武破，是『因財被劫』的格式，理財能力不好，手邊常窮困，也耗財多，不會理財。官祿宮是廉殺，易做辛苦忙碌又用腦不多的工作，最適合做軍警業，較凶悍的工作，競爭多的工作，較易有發展、不宜做文職，發展較小。

紫貪坐命者，夫妻宮為天府居廟，表示都會嫁娶到有錢的配偶，夫妻和諧，配偶能支助錢財，故也能過富裕、高尚的生活。

紫貪坐命的人，為人圓滑，從不得罪人，很會看人臉色，不喜歡不好的氣氛，否則會溜得很快。如果遇有衝突或麻煩事件，就會躲起來不見面，等到事情過了，好轉了，才露面。家中會誕生紫貪坐命的人，一般都是家中保守，親人長輩之間多是非口角、爭執，此人誕生之後，能給家庭帶來好運，能緩合家庭氣氛。因此紫貪坐

命者，在家中能受重視，但父母管教嚴，也很讓他們煩惱，易早日外出離家，與父母緣淺。他所出生的家庭也永遠是讓他覺得心煩的家庭。所幸他們結婚後所組的家庭較和諧。此命格的人，也易有長輩所給之家產，或由國家、政府所供給之房地產居住，是故還是算很好命的人。

紫貪的形式

紫貪、祿存同宮

紫貪、祿存同宮時，因被『羊陀相夾』，故是膽小、保守、放不開的人。命中雖有祿存，但只有一點點財，且是小氣、保守、吝嗇的財，很會存錢，但一生發展不大，常害怕受人欺負。祿存會把紫

貪的特性限制起來，故紫貪原有的桃花人緣也會變得古怪、放不開，仍會有桃花，桃花較小、較少一些，外遇或邪淫的情勢較不嚴重。他只會在一個小框框、小範圍中活動，做固定的工作，過一成不變的生活。自以為是高貴、美麗的，但會挑剔別人，不喜歡和太多人，或不熟悉的人來往。在工作上貪心不多了，故打拚能力也不強，沒有大志向，把自己限制在小範圍和小框框之中，過普通日子，只要有一點錢，享自己認為滿意的小福氣便滿足了。

若『紫貪、祿存』在財帛宮時，表示在錢財方面是小氣、保守的，賺錢不多，工作也不算賣力，但能存一點小錢，能衣食無憂，有溫飽而已，錢財是看起來不錯，但並不真正富有的人。**若『紫貪、祿存』在官祿宮時**，表示在工作上是保守、發展不大的，但有一定固定的、足夠衣食溫飽的財，也能略有積蓄，是表面看起來還不錯，但打拚力不強，也只在一個小範圍、保守的環境中做發展不大的工作。凡有『紫貪、祿存』在『命、財、官、遷』等宮的人，都只有小財，供衣食溫飽而已，略有小積蓄，但人生無大發展，只是平常普通人命格。

紫貪、擎羊同宮

紫貪、擎羊同宮時，是『刑官』及『刑運』格局，其人會性格陰險、懦弱，工作不長久，打拚力、奮發力不足，也會身體不好、多煩惱、傷災，一生的運氣較差，因是『奴欺主』的格局，故易為人瞧不起，也會受到不好、不尊重之待遇。凡事想得多，陰險的計謀也多，損人不利已，普通人緣上的桃花少，邪淫桃花多，好嫉妒，會因色敗事，或因色惹官非，為色損前程，或自己荒唐而影響

配偶。夫妻宮是天府、陀羅，會找到又笨、財又不多的配偶。同時也表示其人內心中也是感情不順利，又笨，內心煩惱糾纏不清，常心悶，遇事會像陀螺打轉一樣轉不出來，也會悶在心中，不說出來，自己很煩惱，但無法解決，內心常不平靜。易遭災，一生多有不順，八字凶的人，會因嫉妒、陰險而殺人。也易遇災而亡。

紫貪、擎羊在財帛宮時，手邊錢財受到刑剋，易財不順，賺錢不易，花錢多，容易做白工，或進財不易，拖拖拉拉，也容易被劫財、受騙，工作不長久，斷斷續續。易一生為錢財煩惱。**紫貪、擎羊在官祿宮時**，工作不長久，或不工作，也不易結婚，或不婚。有古怪思想，喜投機取巧，但常偷雞不著蝕把米。若能有專業的工作，持之以恆，生活也能平順，否則為無用之人。

『紫貪、擎羊』在命、財、官、夫、遷、福等宮出現，都不富裕，易財窮，人緣不佳，有邪淫桃花、工作不長久，或不工作，性格陰險，有小人作風。

紫貪、火星或紫貪、鈴星同宮

紫貪、火星或紫貪、鈴星同宮時，為『火貪格』或『鈴貪格』之暴發運格。無論在命盤中十二宮之任何一宮出現，皆在卯年及酉年有暴發運。能得意外之財，或有意外升官、出名等之好機會，再由此機會來得錢財。

『紫貪、火星』或『紫貪、鈴星』入命宮時，其人性格怪異，性急而衝動、脾氣壞、外型不文雅，較粗獷，但仍氣派、長相還算好。做軍警業十分適合，暴發力較強。其人不耐靜、好動、不斯文、較粗，言行大膽、敢衝，也桃花古怪，是一陣子桃花強，一陣

紫、廉、武

子桃花弱的狀況。也會有突然而來的桃花。**在酉宮**，火、鈴居廟，桃花強，但性格不穩定，常換戀人。其人也比較勢利，挑剔戀人，若戀人對自己不夠好，或不夠有錢，便會換掉。其人意志力強，自我主見強勢，不喜歡聽別人講真話，為人敷衍、油滑，故易無真正的朋友，是重利輕友的典型人物。他們通常較別人聰明。有鈴星在命宮的人，比有火星在命宮的人更為聰明。他們喜歡科技產品，愛時髦、快速變化的事物，但在工作或做事方面是馬虎、不精細的，因此只能做一些粗俗或外表好看，沒有實際效應的工作。也適合做公關工作，武職較好，做文職不長久，也待不住。在錢財上常有意外好運，能多得錢財，是好大喜功的人，但要小心好賭而揹債，或因賭、色而傷害前程。其人一生起落分明，會大起大落，故要小心。**在卯宮**，火、鈴居平，仍有暴發運，稍小一些，不如在酉宮的

大。其人也是性格古怪、衝動、脾氣壞的人，邪佞的聰明更強，有時也會懦弱、陰險、有凶性。會勞碌，無法享福，財來財去很快。

紫貪、火星或紫貪、鈴星在命、財、官、夫、遷、福等宮的人，都是性格古怪，急躁不安，性格不穩定，做事速度快、馬虎，易對人不真誠，但有暴發運，會有大起大落的人生，也易好高騖遠，自視過高，好運時驕傲自大，壞運時委曲求全的狀況。暴發運會主宰他們的人生，也會主宰其人的性格、思想，財來財去很快。

紫貪、地劫或紫貪、天空同宮

當紫貪、地劫同宮為命宮時，其官祿宮有廉殺、天空。**當紫貪、天空為命宮時**，其官祿宮有廉殺、地劫，故空、劫是在其三合宮位上。

地劫天空

『紫貪、地劫』是『劫官』、『劫運』的格局。『紫貪、天空』是『官空』及『運空』的格局。凡有此格局時，其人會桃花較少，為人正派，性格穩定，頭腦有怪怪的聰明，但會不實際，會做人清高，工作不長久，或有宗教信仰，喜歡追求富有哲理的思想和愛好，不會為情色桃花浪費很多時間了。但他們一般的人緣桃花還是有的，只是不太熱衷人際關係和功名利祿的追求罷了。有專業能力和有固定工作和收入的人，仍是可過普通、平順的生活。其人的價值觀會和常人不一樣，比較出世、脫俗。但人生中對某些好運較不能掌握。命格中三方四正煞星多的人，會入宗教，在山林中過活，為僧道之人，亦會有名號。過常人生活者，一生成就較平凡無奇。

紫微化權、貪狼同宮

當紫微化權、貪狼同宮時，其財帛宮或三合宮位中有武曲化忌、破軍，是錢財上多麻煩、窮困，一生在打平財運的人。但其人意志力堅定、好掌權做主、領導力強、主觀意識強，做高位，不管錢財之職務，會做得好。否則事業有起落，易被錢財所困，大起大落，易揹債，且負債金額龐大，就難東山再起了。但其人外表莊重，受人尊敬，天生也有極強的平復災厄的能力，如能多用智慧，放下身段，和人協商，別人也能信任其人，龐大債務也能彌平，只是要花許多時間而已。其人性格頑固，自視甚高，常拉不下臉來求人，故易自困，無法突破難關。

紫、廉、武

紫微化科、貪狼同宮

當紫微化科、貪狼同宮時，會有祿存同宮或有祿存相照，這是乙年所生之人所會遇到之命格。

紫微化科、貪狼，表示會很有方法的增吉、增好運，因此事業會平順，生活也更平順，桃花也更多，來的都是能幫助人生增高，增享福的桃花。和祿存同宮時，仍會保守、小氣、吝嗇，會很有選擇性的讓桃花來幫助自己生活舒適，有人侍候，在工作上有人幫忙，但仍是享福色彩濃厚的命格，自己的打拚能力不強，也不會有大事業或較大的人生格局。

紫微、貪狼化權同宮

當紫微、貪狼化權同宮時，喜歡主掌權力，貪心多一點，人生

▼紫、廉、武

有企圖心。其人外表也較強悍，受人敬重，桃花更多，自己會主導桃花，好色更甚。貪狼是好運星，有化權時，能主導好運。紫微、貪狼化權同宮時，能主導最高層次之好運，好競爭，在競爭中好的事，都優先獲得，不好的事、受刑剋之事，會由紫微來撫平，故是好運連連的人。在三合宮位中，還有武曲化祿、破軍，在錢財上雖窮，但能稍多得一些。但是會有擎羊在夫、官二宮出現，故此『紫微、貪狼化權』是主貴較多，主財較少的格局。而且在事業上仍是會有起落，或斷斷續續、中途停止或改行，無法長期經營的問題。但人生能在某些時段，能做一點大事是肯定的，而且感情生活容易不順利。

紫微、貪狼化祿同宮

當紫微、貪狼化祿同宮時，是戊年所生的人。紫微是官星，貪狼化祿是帶財的運星，故在事業上好運機會多，能多得錢財。但也桃花更多，應接不暇，輕微的人緣桃花能助官，襄助事業。桃花太重，會傷官、傷害事業，就不好了。其財帛宮會有武破、祿存，是『祿逢沖破』，財不多，又財來財去，有衣食，不富裕，花錢小氣，但破耗凶。並且會在午宮（子、田二宮）會有擎羊出現，財庫破了，有錢存不住，家宅不寧，容易是桃花所引起之家宅不寧，人生仍有很多不順。

紫微、貪狼化忌同宮

當紫微、貪狼化忌同宮時，是癸年所生之人。其人會性格古

紫、廉、武

怪、保守、放不開、人緣不好、桃花少，或有古怪桃花。其人一生運不好，只靠紫微來平復災厄而已。財帛宮是武曲、破軍化祿，會財窮，又會為花錢耗財而找錢來花，為人懦弱，受父母管教很嚴。也會有擎羊在夫、官二宮出現，事業不好，婚姻不美，或家庭不和，人生亦會有很多不順。

紫貪、文昌或紫貪、文曲同宮

紫貪、文昌同宮時，都會頭腦不清、政事顛倒。**在卯宮**，外表普通，稍具斯文，**在酉宮**，外表美麗、較斯文、有氣質。有此格局者，也要有『陽梁昌祿』格，其人才會有較高的學歷，與較高的人生層次。但身宮落在福德宮者，較懶惰、愛享福，有時也會放棄求取最高學歷和放棄努力打拚增高人生層次，就十分可惜了。又因為

命宮有『紫貪、文昌』時，其財帛宮必有武破、文曲，是『窮』的格局，故會賺錢少，在用錢方面始終不富裕，縱然命宮的文昌在酉宮居廟，仍然在理財賺錢方面不精明，因此是做上班族的格局。若頭腦不清楚，又去做生意從商，則必有敗局，會揹債。

紫貪、文曲同宮時，其人口才好，但仍會頭腦不清，政事顛倒。其人桃花特多，為人油滑，喜歡表現。但因財帛宮亦有武破、文昌，是『窮』的格局，故會對賺錢清高，有些錢你不愛賺，故仍是做薪水族，才能衣食充足。但一生手邊較拮据、不富裕。

紫貪、文昌化忌同宮

紫貪、文昌化忌同宮時，是頭腦不清的人，臉上會常有茫然的表情。**在卯宮**，計算能力不好，頭腦糊塗的厲害，也會更窮一點，也會工作不順、多起伏、學習能力不好。**在酉宮**，文昌化忌居廟，其人會頭腦不清，易改行，工作不順，手邊仍窮，一生難富裕。會學一些奇怪的東西。

紫貪、文曲化忌同宮

紫貪、文曲化忌同宮，在卯宮，頭腦不清、口才差、多惹是非，才華不好，也會不太敢講話。孤獨、人緣不好，周圍也會有古怪的是非。**在酉宮**，文曲化忌居廟，易有古怪的桃花，仍是非多，周圍環境也常古怪，有時熱鬧人多，但有是非，有時又會很靜，沒人也沒是非。你是不易成名的人，也易隱藏在人後，無法也無機緣表現，畏首畏尾。

紫、廉、武

紫貪、左輔或紫貪、右弼同宮

當紫貪、左輔同宮在命宮時，其財帛宮有武破、右弼。表示在你本命中有平輩男性貴人在幫你增吉祥、增好運，使你有領導力及合作精神，但在錢財上有平輩女性之人在幫你增破耗、增窮困，因此你會破耗更凶，又盡力在平復錢財上的困境。你會更辛苦、運氣也不算頂好。但你的桃花多，桃花一方面幫了你，又一方面使你更窮。

當紫貪、右弼同宮在命宮時，其財帛宮有武破、左輔。表示一方面有女性平輩貴人用小氣、霸道、保守的方式在幫你平順和增加一點好運。另一方面在錢財上就有男性的平輩之人在幫你破耗、更窮。因此你始終忙碌的在打拚還債，或打平生活之需，十分辛苦。你的桃花多，桃花一方面幫了你，也一方面使你更窮。

第五節　紫殺的形式

紫微、七殺同宮，是雙星並坐的形式。會在巳宮或亥宮出現。這是『紫微在巳』或『紫微在亥』的基本命盤格式。表面看起來紫殺不論在巳宮或亥宮皆是紫微居旺、七殺居平，看起來差不多。但紫微是官星，又是帝座，趨吉撫凶之星，五行屬土，以在巳宮火土相生為最旺，在亥宮水木之宮，會木土相剋，水來洩土為不吉。是故紫殺在巳宮，趨吉撫凶的力量是強很多的。而在亥宮，吉順的力量是差了不少的。七殺是煞星，是戰將，紫殺同宮時，紫微一直努力在撫平與壓制七殺的凶悍與辛勞，因此紫微的力量也大量消耗。是故紫殺同宮時的財與福是沒有其他紫微和吉星雙星同宮時多和強

的。紫微實際上是在輔導七殺從事正面的努力和打拚工作的道路之上的。

紫殺同宮的意義是：能具有像帝王的皇家侍衛隊一般，有紀律、有目標、朝氣蓬勃的振發精神來打拚，朝向高級的人生目標邁進。

紫殺剋應：

在人——為軍警業、情報員、調查員、查稅人員，忙碌不停又強悍的人，百貨公司、市場販賣，及人潮多的販賣人員。

在事——艱難須多磨練之事、勞苦之工作和事情、政府之秘密的事件或工作，繁雜、樣數多的工作、爭鬥多或競爭強的工作和事情。有好的薪水、收入，但須辛苦打拚的工作和事情，救難工

紫、廉、武

▽紫、廉、武

作，有血光之事。

在地——多石的高山、艱險的高山、丘陵地，政府的調查機構、法院、監獄、司法機構、稅捐處、國稅局、軍警機關、大的工廠、大百貨公司、大市場、鐵工廠、鋼鐵場、建築工地，不平、不整齊、有尖石突起之地面。危險易受傷的地方。表面漂亮的危樓，軍事要塞、戰場上的前線尚未發生戰爭衝突的地方，有警衛的大樓、住宅。屋頂很平，但突然有尖狀物突起的房舍，土色中帶有青色花紋的房子，或是外牆是岩石或土色的，而有極亮玻璃窗戶的大樓，或是石塊與金屬或玻璃搭配建築的建築物。

在物——代表美麗、精緻高級的刀劍、槍械之物，也包括餐刀、烹飪的刀。旗竿、珍貴卻具有殺傷力的東西、電腦零件、高級的鐵器、需修理的古董錶，美麗卻少用，會在特定時間用的裝飾品。

在病——腦部、心臟需要開刀的病、高血壓、脾胃、大腸相關的病。氣管、肺部的病症、氣喘、火氣大、皮膚病、氣脹、胃寒、膀胱、腎臟較弱。

紫殺入命宮

當紫殺入命宮時，是『官殺』形式，代表此命格是被奔波勞碌的工作及生活形態所刑剋福氣的命格。其人外表穩重，面色黃帶青色，其人性格堅毅果敢，做事有魄力、雄心萬丈，能白手起家，喜掌權勢，但容易做事虎頭蛇尾，不喜歡別人管，事業心強、愛做老闆。天性好強，遇到喜歡的人很健談，遇到不喜歡或不熟的人愛搭

不理。

紫殺坐命的人，性格、脾氣上和家人不同，比較倔強、強硬，因此思想上能交集的地方少、較緣薄。其人會在運氣好時十分忙碌，運氣不佳時，四肢無力、很慵懶。

當一個家庭中誕生了紫殺坐命的人，表示此家庭須要打拚了。很可能是此家庭較窮，或家庭中多是非、麻煩或災禍，須由此人來承擔復興大業。但如果這個紫殺坐命者，命格中又多刑剋、煞星，或是誕生了財運不佳的紫殺坐命者，則表示家庭中的問題還是無法解決的。因此紫殺坐命者大都出生在平常百姓家，或家庭狀況不十分好，略有衣食的家庭之中，不太會出生在名門貴族或大富之家。

紫殺坐命者的財帛宮是武貪，在錢財上有暴發運。而官祿宮是廉貞、破軍，工作上會爭鬥多，工作型態複雜、破亂。同時也是用

腦不多，用勞力較多的工作。而且工作上必有起伏、失敗、東山再起、再創業的狀況。**紫殺坐命的人**，是很愛面子的，事業上的起伏頓挫，會讓他們很難堪，但有時也無法控制，又有不服輸的好強性格，故會東山再起，再接再厲。其實**命宮有陀羅、火、鈴、文昌、文曲、祿存的人，或有化忌在『命、財、官、遷、福』的人**，應做薪水族，按時領薪，生活才會平順。紫殺坐命者，適合做武職，或具有技術格的人。**命宮有紫微化權、七殺的人**，其財帛宮有武曲化忌、貪狼，是性格強硬、頑固、好掌權，但一生錢財不順、多是非的人，也不能經商、做生意，否則會揹債，生活較苦。**命宮有劫、空及三方四正煞多，會入宗教，八字中有『化煞為權』格局的人，**能任寺廟住持長老或修道院院長。例如佛光山星雲法師即是紫殺坐命巳宮的人。

紫殺坐命的人，外表看起來壯壯的，但自幼身體不好，不好養，青年、中年身體會轉好，但會有心臟、脾腎、肺部、氣管、大腸及泌尿系統或生殖系統較弱的毛病，腎臟、膀胱也弱，故要小心。

紫殺坐命的人，因其命盤格式中空宮太多，有四個之多，再加上廉破運及天相陷落的運程，共計有六個流年運不好，因此在十二個地支年的循環過程中，常連續六年衰運。在一天之中也常一半的時間不好，提不起勁來，好運的時候不多，是故常懶洋洋，四肢無力，有時衝動奮發有餘，卻不一定能做得了事。是故在人生的連續打拚上會受到阻礙和限制，人生的成就也就不容易推高了。

紫殺的形式

紫殺、祿存同宮

紫殺、祿存同宮時，以在巳宮火土宮較吉。但同樣是祿存限制了紫殺的發展，也規格化了紫殺的財的大小，使紫殺的財變小、變保守，只有衣食之祿而已了。

紫殺、祿存同宮時，因被『羊陀所夾』。故會保守、膽小、不敢衝、打拼的能力也變得懦弱了。紫殺的強悍勁沒有了，會委曲求全，用只取一點財的方式來取財。因前後二宮有羊、陀，是前有虎、後有狼的格局。**倘若『紫殺、祿存』在『命、財、官、夫、遷、福』**，則羊陀會落入『兄、疾、田、父、子、僕』等宮之中，會

紫、廉、武

▽紫、廉、武

和親屬不和，財庫不牢，耗財多。**若『紫殺、祿存』在『父、子、僕、兄、疾、田』等宮**，則『命、財、官、夫、遷、福』等三合宮位中會有羊、陀，仍會影響打拚能力，工作不長，事業有起伏。是故『紫殺、祿存』的形式，是勢必有傷剋的形式，如入命宮，其人會小氣、保守，打拚力量只有一點點，賺自己衣食之需的財，不會多賺，畏首畏尾、人緣差、頑固，對人小心、警戒，害怕別人欺負，為人孤獨、自私自利。**也因七殺逢祿存為『祿逢沖破』**，故也財不多，喜歡存錢，但不一定存得住錢，自己省吃儉用，很吝嗇，也易為別人騙走、奪走。這也同時是劫財形式。不過有紫微，可生活平順、無憂。

紫殺、陀羅同宮

紫殺、陀羅同宮時，紫殺原本就穩重、慢半怕的狀況會更嚴重，氣派也不那麼明顯了，但腦子笨，凡事愛放在心中打轉、多想，容易處處懷疑別人，自己又沒好的辦法，學習能力差、不愛學，又怕別人嫌棄自己，常有精神上之痛苦，其人都會和家人不和，做事拖拖拉拉。癸年生的人，是錢財上不順、多是非、財運不好、工作能力不強的人。陀羅會使紫殺的打拚能力減弱，且腦子往偷懶及自以為是的頑固、愚笨上發展，即使有好運，也易遇而不遇，無法把握好運時機。

紫殺、火星或紫殺、鈴星同宮

紫殺、火星同宮時，是脾氣火爆、衝動、較凶，有意外之災，

紫、廉、武

也有古怪聰明不走正路，有時候也會懦弱，表面溫和、陰險。**在巳宮**，火星居得地之旺位，有時聰明還有用。**在亥宮**，火星居陷，則古怪聰明更使自己不順，或走偏路。紫微在安撫二個煞星，實在餘力不足。是故其人會身體不佳，易因衝動而有傷災，也會人生多起伏，工作不長久。在巳宮時，偶而還忙，還打拚，還能做一些事。在亥宮時，常懶洋洋，不工作，得過且過。其人都是愛時髦、花費多、耗財多、情緒不穩定，脾氣古怪，靜不下來，易有精神躁鬱症的人。

紫殺、鈴星同宮時，也是脾氣急躁、衝動、較凶悍，性情古怪，有古怪的聰明，愛時髦，愛科技性產品，工作易斷斷續續，不長久，靜不下來，多傷災、損耗，只能過一般小市民的生活，人生多起伏，易惹是非，也易有躁鬱症等精神疾病的人。不過他比有火

星同宮的人，更聰明，反應更快，思想更古怪一些，報復別人也更快更古怪。在巳宮時，鈴星居得地之旺位，還會打拚，是突然一段時間忙碌，一陣子又停下來了。在亥宮，其人常偷懶、不工作，得過且過，自以為聰明，可投機取巧，內心也較邪惡一些。紫微要平撫兩個煞星，是不容易的，是故，也會使其人生活層次不高，得財也減少，人生不順的事也多。

紫殺、地劫、天空四星同宮

紫殺和地劫、天空同宮時，無論在那一宮都是呈空無狀態。在六親宮，便無父母或兄弟、子女家人，在夫妻宮，會不結婚，在命、財、官，都會不工作，不賺錢，思想清高，理想高遠，而無法完成。**在命宮時**，易接近宗教。在宗教團體中能做主持或高僧，可

做有地位的宗教人士。但在常態社會中，便是無用之人。**在財帛宮**，便無賺錢能力，但花錢高尚、捨得，會找到人來奉養他。**在官祿宮**，則理想高、不實際、思想常脫離現實環境，因此無法在正常職場上生存。不過，若做一些慈善型或高格調之藝術型態、宗教性的，與錢財無關，也與權勢無關的工作，還可偶而為之，只是不長久而已。紫殺、劫空同宮，就是打拚空空，是故不打拚，是為了頭腦中有高理想、高價值、高道德水準而不打拚，因此是和一般粗俗的、世俗的價值觀出入很大的，也無法接受現實的世俗生活狀況。因為不賺錢和賺不到錢，是故被一般人視為無用之人。

紫殺、文昌或紫殺、文曲同宮

紫殺、文昌同宮時，其人會外表斯文、有氣質。**在巳宮**，其人

長相也會細緻、美麗一點（一般紫殺坐命者都外形粗壯，不算文質），性格耿直，自以為高尚，自視甚高，有文藝性的愛好、計算能力好、精明幹練一些。他會記憶力好，但未必讀書好，因為『陽梁昌祿』格不成格局之故。另一方面，在其官祿宮（或酉宮）有文曲和廉破同宮，這是一種既破又窮的格局。是故其人只是表面長相好看，實際能力不強，易賺錢少，或在較窮或醜陋的地方工作，或工作斷斷續續，或根本不工作。在財帛宮是武貪格，只要沒有化忌、劫空進入，就會有暴發運和偏財運，也能稍多得一些錢財。**在亥宮時**，其人長相普通，並不特別美麗，也會自視頗高，不算特別精明，計算能力普通，也不幹練，對文藝的愛好及讀書能力也不算好。其人也是在官祿宮有另一個文曲和廉破同宮，形成窮的格局，一生能平順已不錯了，會賺錢少，或工作不順，人生多起伏。此命格的財比前者更少。但財帛宮也同樣是『武貪格』，無化忌、劫空時，會有偏財運，也能給人生多添一些財富。但不易留住錢財。

紫殺、文曲同宮時，在巳宮，文曲居廟，在亥宮，文曲居旺。故此紫殺坐命的人，口才特別好，韻律感特別好，能懂音律、跳舞，人緣桃花多，為人圓滑，較會油嘴滑舌、不實在。會外表忠厚，內心油滑、愛取巧，也愛說謊話。其人在官祿宮，有文昌和廉破同宮，是『窮』的格局，也會做較有文化但清高、賺錢不多的工作。亦會工作有起伏、不長久，靠人維生。財帛宮有武貪格，若無化忌、劫空，丑、未年會暴發偏財運，可多得錢財。

紫殺、左輔或紫殺、右弼同宮

當紫殺、左輔同宮時，如在命宮，則官祿宮有另一個右弼和廉

破同宮，這表示本命中有平輩男性貴人輔佐打拚，而具有奮鬥力和合作精神，及領導力。並在事業上，會有保守、小氣、霸道的平輩女性來幫助更破耗、更破爛，更多爭鬥和瓦解得更快，也會更窮。此格局做特務、軍火業，或一些非法或危險的行業，會有異軍突起，能賺大錢。否則易事業愈做愈大，揹債也愈多，不做還好，工作也會愈做愈窮。

當紫殺、右弼同宮時，如在命宮，則官祿宮有另一個左輔和廉破同宮，這表示本命是有保守、霸道的女性平輩之人在輔助，使其更忙碌打拚。但在工作上有男性平輩在幫忙，使鬥爭更凶，破耗更大。故做危險的行業較能賺到錢，做一般行業，不長久，易揹債。而且你也會生性保守、護短、胳臂肘往內彎，較內向，不太可能做危險的行業。故在工作上易愈做愈破，不做還好，否則虧空愈大、

愈窮。

第六節　紫破的形式

紫微、破軍同宮，是雙星並坐的形式，會在丑宮或未宮出現。這是『紫微在丑』或『紫微在未』的基本命盤格式。表面看起來紫破無論在丑宮、未宮都是紫微居廟、破軍居旺。但是紫微五行屬土，破軍五行屬水，**故在丑宮時**，丑宮是帶水的土宮，破軍較旺，紫微稍弱一點，因此在丑宮坐命的紫破之人，會大膽無行多一些。**在未宮時**，未宮是火土較乾燥之宮位，破軍很弱，紫微較旺，能趨吉避凶及平撫的力量較強，而破軍的大膽無行的力量，較易受到剋

制一些，會懦弱一些。但紫破坐命的人，始終都是較孤傲，人生不安定，對周圍環境常不滿意、愛批評、挑剔，與人較合不來，言行大膽、無狀，不喜歡遵守規矩、規範，常要言行出軌一下，才過癮。而且紫破的格局就是『淫奔大行』的格局，易有淫色桃花，易不受常理和社會道德規範。在現今性開放的時代，大家已見怪不怪了。

紫破同宮的意義是：能具有像皇帝旁之大將軍的打拚、戰鬥氣勢，來衝鋒陷陣，不計傷亡、損耗來邁向目標，奪得勝利。但常損耗太多，得不償失，人生也未必達成目標，反而一面打拚、一面享受，不喜受約制。

紫、廉、武

紫破剋應：

在人——為軍警業、海軍艦隊上之官兵、暗中移動迅速之情報員、游擊手、海陸兩棲之部隊、追擊逮捕犯人之警察、司法人員、海運和陸地交接的運輸業、造船廠之員工、市場流動攤販、百貨公司臨時活動的販賣人員（例如賣花車的販賣人員）、辛苦奔忙錢不多的業務人員、工廠工頭、領班、市場管理委員會、百貨公會會長、屠宰業公會會長、在名山上有地位、有法師名稱之僧人或修道院院長及宗教人士。

在事——艱難奔波忙碌之事、勞苦之工作、極需改革、重建、拆除、重新裝潢之工事。有稍高之薪資、收入，但辛苦粗重的工作。救難工作、有血光、破損、消耗多之事，花費大、表面好看，但不一定成功之事，或是耗錢多，成果不彰之事。到處奔

紫、廉、武

波業務之工作。有名位但內在繁雜之事。多爭鬥、競爭、主掌權力、地位之事。

在地——名山大川相交之地。有山有水觀光勝地。依山的海灘之地。政府的調查機關、法院、監獄、司法機構、軍事要塞、有兵看守之軍事工地。收集廢料之工廠、廢物還原之工廠、運輸業之汽車貨櫃集散地、建築工地、移動之戰場、前線指揮所、公家處理廢棄物之機關。抽水站、下水道主管機關、公營市場、公營屠宰場,破舊破爛欲拆除、但體積龐大之宅第。或是外觀是黑土色之大樓,或是年代久、破舊不堪使用之建築物,或是周圍圍繞河流或有明顯水道的建築物或突高之地。高尚、孤獨、年代久遠之大樓,及人煙不多之帶水澤之高地。

在物——代表美麗、精緻但略有破損或瑕疵之高貴物品。有價值但

紫、廉、武

破舊之物。顏色黃發黑之物，或是底色是黃色，而有黑色條紋的物品，或是珍貴、卻具有破壞性及殺傷力的東西，例如手術刀、解剖刀、屠宰刀、切肉的刀、電腦複雜的小零件、晶片等等，挖水溝的用具、河道清除污泥之機械用品，美麗、不實用之裝飾品，表面看起來好看、精緻，但多波浪花紋的物品或裝飾品。西洋巴洛克時期的建築或裝飾品。

在病——腦部、心臟需開刀之病、高血壓、水土不服的毛病，精神疾病、神經系統不調合之疾病、腹內疾病，暗疾、脾胃臟和腎、膀胱相關之疾病，陽萎、陰虧、經水不調、腿疾、婦女病、下腹寒涼會痛，皮膚病、傷災、長脂肪瘤、內分泌系統之毛病。

紫、廉、武

紫破入命宮

當紫破入命宮時，其人外表仍體面，面色略帶黃黑（黃帶黯色），在丑宮的人，面色較偏白，在未宮的人，面色偏紅一點。這些顏面顏色其實只是很微弱的變化，不一定很顯著的表現出來。其人的性格堅毅果敢、有獨立性、性情多變、判斷力極強。對人、對事多懷疑，性耿直，常打抱不平，對人對事也常有不滿情緒，也不容易相信別人。性情易反覆不定，記恨心重、有報復心態，做事幹勁十足，想要一鳴驚人。好勝心強、敢愛敢恨，但言詞尖銳，易得罪人，後來又會賠不是認錯。事業心強，也愛做老闆，但不長久，又會回到原先的薪水階層去。因為做生意是不善經營的，必有破耗，無法長久。

紫、廉、武

▼ **紫破坐命者的財帛宮是武殺**，是『因財被劫』的格式，故賺錢辛苦又少。官祿宮是廉貪，職位不高，有時是沒有名位之工作，如秘書、助理之類。一般紫破坐命出現最多的地方是大型工廠之中，故藍領階級中最多紫破坐命的人。倘若命宮有昌曲同宮或相照，或是財、官二宮有天空、地劫進入的人，常不工作，會依靠他人生活。

紫破坐命的人，一般都外表還氣派，但言行大膽，穿著古怪，有時候會穿破破爛爛或做奇怪的打扮（如穿嬉皮裝、海盜裝、古裝等），有時又正常。其人常用自以為是的藝術型態來打扮，但給別人的感覺卻是古怪的、不一定好看的。這也是說：紫破坐命的人並不瞭解別人的看法，也不在乎別人的看法。

紫破坐命的人，桃花多，是『淫奔大行』的格局。容易和人私

奔，或未婚同居，或有婚外情，其人是較不受傳統禮法和道德規範的人。其人的夫妻宮是空宮，又有廉貪相照，表示內在思想較空茫，又有不好的貪念，是對淫色桃花的貪念。凡事想得多，勞心勞力，但所想的都不是正面的想法，而是帶有灰色思想，或是破壞性的想法，是故他們會打破傳統，易與人不合，無法與人有合作上之關係。其人對四周常不滿意，也容易講出『一竿子打翻一船人』的話出來。

凡家中有紫破坐命的人誕生時，就表示此家庭是外強中乾，表面看起來彷佛要平順變好了，實際上內在問題更多、更複雜了，也即將有事要花費大、破耗多了。也可能是家中正要邁向窮困之際。因此紫破坐命的人出生後，家中多不富裕，嬰幼年時代尚可有衣食花用，或幼年生活較優渥，但青年或中年時代必定是窮的，須要自己打拚的。一生都在辛苦與勞碌奔波中起起伏伏。命格中為窮命格的人，身體倒是不辛苦，只是常窮困而已。

紫、廉、武

紫破的形式

紫破同宮

紫微、破軍同宮時，代表外表氣派，還算美麗、高尚或外表還圓滿，像個樣子，但內在已有爭鬥、不和、破爛、不諧調、雜亂、沒有秩序、不守規矩、言行無狀、參差不齊、尖銳複雜，是『金玉其外，敗絮其中』的狀況。是故**紫破坐命的人，在身體上**，會外表還算健康，但身體內多病痛，或是常開刀，有傷剋。**在心理上**，性剛直，常又好大喜功，喜歡說大話，做漂亮事、耗財多，但有時又

小氣、內心不平衡，錢花在自己身上很大方，花在別人身上便小氣。易生悶氣，和人有不合。在思想和言行上，表面尊重體制，但常想突破規範，自己獨樹一格，喜歡做享有特權的人。在言詞行為上，也大膽，毫不忌諱，敢挑戰傳統禮貌、禮節的規範，形成內外不一，本身性格上即有衝突的狀態。紫破是『耗官』形式，故出現在『命、財、官、遷、福』等宮，事業和錢財上都有上下震盪起伏的問題，人生波動大、不平順。在夫妻宮出現，也有不正的婚姻問題。

紫破、擎羊同宮

紫破、擎羊同宮時，本身是『耗官』加刑星的形式，是雙重刑剋事業的格局。又因擎羊和對宮的天相，形成『刑印』的格局，是

紫、廉、武

▽紫、廉、武

故會懦弱、多煩惱。此格局中，擎羊和紫微又形成『奴欺主』的格局，是故紫微趨吉撫平災禍的力量很薄弱，有時也根本不能發揮。此命格的人，多身體不好，易開刀或有傷災、車禍。在精神上，易不平穩。常憂心忡忡，有精神耗弱的狀況。因夫妻宮有陀羅，**夫、官二宮又形成『廉貪陀』、『風流彩杖』格之格局**，故一生內心多是非，悶悶不樂，易有桃花糾紛，婚姻、事業都不順利。此人好競爭、好爭，但又爭不到，亦無法掌權。凡事負不了責任，想得多，目標高遠，但一生勞碌，較難成功。也易耗財或常花冤枉錢，常後悔，形成自己內心不平靜、心煩。凡『紫破、擎羊』在命、財、官、夫、遷、福等宮的人，都會有上述的煩惱，而導致人生沒有太大的成就，賺錢也不多，耗財凶，內心小氣、吝嗇，自己花用也不多，是心窮的狀況，一生較辛苦拮据。

紫破、陀羅同宮

紫破、陀羅同宮時，是外表笨、破爛、陳舊、不整齊多一些，都直接呈現在表面出來的，紫微欲使其美化、精緻，和平復災禍的力量會少很多的狀況。因此『紫破、陀羅』在命宮時，易多傷災、愚笨，凡事不順暢，易拖拖拉拉、不聰明，有災躲不過，也會心情悶、不開朗、做事有瑕疵，常有意想不到的災禍。也因福德宮有擎羊和天府同宮，是『刑財』的格局，故也本命財不多。身邊的用品常耗損、花費大。財、福二宮形成『武殺羊』的格局，是『因財被劫』有很重的刑剋，易被劫財身亡，或因車禍、刀傷而亡。人生中並不算順利。凡『紫破、陀羅』在命、財、官、夫、遷、福等宮的人，都會有上述『刑財』和『武殺羊』的格局，易不善終，生命不長，人生辛苦，成就不高。

紫、廉、武

紫破、火星或紫破、鈴星同宮

紫破、火星或紫破、鈴星同宮時，會衝動、脾氣火爆、脾氣壞，耗財多，突發的災禍多，或與黑道有關，易做黑道的首領大哥的格局。紫微能使地位增高，或趨吉避凶的力量會減弱很多，也只有表面好看而已，有時也許連表面都難好看了。紫微是官星，破軍是耗星，火星、鈴星是大殺將，是故衝動打拚有餘，但不往好的方面打拚。也會打拚一下子，又不做了，又轉向其他方面去打拚了。是故吉善的方面不長久，邪惡的方面又停留的時間較久一些，因此災多不順，事業不長久，會因衝動、思想不周慮而遭災。凡『紫破、火星或紫破、鈴星』在命、財、官、夫、遷、福等宮的人，皆會因思想上不夠完備，又衝動、有怪異思想、耗財，理財能力不佳，遇事不穩重而人生更不穩定，一生多起伏、不順利。

紫破、天空或紫破、地劫同宮

紫破、天空或紫破、地劫同宮時，在其三合宮位中有另一個地劫或天空星和武殺同宮。例如，倘若『紫破、天空』是命宮，而財帛宮就是『武殺、地劫』。因此，凡是『紫破、天空』或『紫破、地劫』在命、財、官、夫、遷、福等宮的人，三合宮位上就會出現『武殺、地劫』或『武殺、天空』，這表示天生內在思想不實際，因此打拚能力不強，成空，會不努力，較懶惰，而天生也得財少。同時此人也會天生頭腦有怪怪的、清高的、不實際的想法，會異於常人的價值觀，做事不長久或做做停停，而一生沒有大用。也會一生多起伏、不平順、賺錢少，易依賴他人生活。

紫破、文昌、文曲同宮

紫破、文昌、文曲同宮時，是『桃花』格局、『享福』格局，同時也是『窮』的格局。其人會長相美麗，也會有文質氣質，但會好高騖遠，愛享福，自己光說不做，對金錢很精明，但自己不去賺，也賺不太到。喜歡做美麗、好看、輕鬆的事，粗重的事不肯做，會指使別人去做，打拚力量很差。本命是『窮』的命格，故錢財留不住，花錢凶，也常不富裕，多靠人過日子。好運時，有人養，衰運時，辛苦熬日子。凡『紫破、文昌、文曲』同宮在命、財、官、夫、遷、福等宮的人，一生為無用之人，常不工作，依靠他人過日子而已。其人會桃花多、異性緣強，也一定會找到能養他的人。

紫破、左輔、右弼同宮

當紫破、左輔、右弼同宮時，表面上看來是助力十分強大，很好命的格局，而實際上左右助善也助惡，既幫助紫微官星，也更助長了破軍耗星，因此是更加重『紫破』雙星『耗官』的特性力量。另一方面，助力太多時，對人反而不利，人會懶惰，打拚奮鬥的力量反而減弱，因為有別人幫忙做就好了，自己可以享福了。因此，紫破、左輔、右弼同宮的意思就是周圍有人幫忙外表更美麗、奢華，有美好的假相。而內在破耗更凶、更破爛，內外不一更嚴重。好的時候稍好一點，壞的時候壞更多。**如果在命格**，其人會懦弱、沒用，只會花錢充面子，周圍也會有不好的朋友幫忙出餿主意，使其人花錢更凶，事情更做不成。有此命格時，要看命、財、官、夫、遷、福等宮，是否有劫空、化忌、羊陀、火鈴等煞星入宮，才

▽紫、廉、武

能定出此人命中財多、財少，以及看命中八字刑剋的度數，也才能知道，左右二星輔助紫破的內容是吉、是凶？但一般大都是不吉的，會使其人為無用之人或是敗壞家門更快之人。

第四章　紫微在『命、財、官』及『夫、遷、福』對人的影響

第一節　紫微在『命、財、官』及『夫、遷、福』三合照守之影響

當紫微星在『命、財、官』或『夫、遷、福』的三合宮位中時，就表示你的人生就處在與政治有關的環境中，也表示你的人生與公職有關，也表示你的一生中有一方是可以使你的人生達到高潮

點的，更表示在你的人生中會有平順、撫平、增高、主貴的力量。而這個力量會十分強大，使你的人生受益良多，而讓你能得富貴尊榮的人生境遇。但是要看紫微星和何星同宮，又要看紫微星坐落於何宮，才能定出人生輸贏和地位及人生平順的高低出來。

所謂與政治有關的環境

所謂與政治有關的環境是指：人際關係中能使你人生增高富貴層次，對你有用的人際關係。是故，有紫微在『命、財、官』中的人，善於利用人際關係來做事賺錢，也會利用一些交際手腕來主導與自已有關的利益運作。倘若你的命格是有紫微在『命、財、官』之中，但並不知如何運作政治性的人際關係的話，那你的命格肯定有瑕疵、有刑剋，使你的思想不實際，因而失去這項優異的想法與

功能，故而你也會被排除在成功的人生之外，只能做一個平凡的普通人了。

當有紫微星在『命、財、官』或『夫、遷、福』的時候，人生並不一定完全平順，錢財也不見得富裕夠用，但人生中一定會愛享受某些高價值的、物質類的享受，或是一些自以為是精緻的、好命的享受之福氣。例如紫破坐命的人，財帛宮是武殺、官祿宮是廉貪。倘若紫破在財帛宮時，命宮就是廉貪、官祿宮是武殺了。倘若紫破在官祿宮時，命宮就是武殺、財帛宮是廉貪了。凡是『命、財、官』在這種紫破、武殺、廉貪的三合格局架構中，『因財被劫』的日子常出現，每隔三、五日便會窮困，因此算是主『貴』的命格，且是『主武貴』的命格，拚命努力還是會有出頭的一天，也能帶來富貴，只不過，不太長久而已。

講到紫微在『命、財、官』或『夫、遷、福』等宮的人，喜歡物質生活的享受，因為紫微是主高尚、主價格貴的、主精緻美麗的，在這些人的天生腦袋中就裝滿『要最好的、最貴的、最美麗的』價值觀，故在挑選一切周遭用品時，便要挑選高人一等的東西。並且他們喜歡和人比較、好爭鬥，他們總是會挑選出一、兩件事情出來，要比別人強、比別人高貴，故有時是在花錢方面比別人厲害。

另一方面，這些人也會有天府星在『命、財、官』或『夫、遷、福』中出現，也是造成其人愛享福的天性。而且還真有福可享，這是因為本命有財星在支撐的關係。

當有紫微星在『命、財、官』或『夫、遷、福』等宮時，**其人多少還是具有平順和平撫災禍（包括錢財和事物上）的力量。**例如

紫微在命宮，會受人尊敬，不會受到太難堪的境遇，也能凡事化厄呈祥，有驚無險。就像紫破坐命的人，或紫破在財、官二宮的人，一生財少，又好花高貴、不實際的錢，一生存不住錢財，但都能找到錢來花，雖有時也會心情苦悶一些，但始終會達到花錢耗財的人生樂趣。這就是紫微的平撫和使平順的力量在暗中運作的關係了。

同時你也可發現：當紫微平撫和平順的力量大時，而這些具有紫微在『命、財、官』的人，**實際上也只是過一般小康環境的生活，**而並不會變成真正的大富翁。在事業上的努力也多半只是比一般人稍高而已，也未必會有更強的事業運。**紫微在『命、財、官』的人，事業上的企圖心會強一些。**這主要的原因，就是其人在『命、財、官』的三合宮位中，還有其他的星來約束、控制及縮小了財的範圍所致。**例如紫微單星坐命的人，**財帛宮是武相，只是略平順、享福

當紫微在『夫、遷、福』等宮時，你就是本命為殺、破、狼及有天府或天相入命宮的人。

紫微在遷移宮時，命比較好，一生有優厚、高貴的物質生活和人生境遇。其實有紫微在『夫、遷、福』的人都會懶惰。但紫微在遷移宮時，有人會尊敬他、愛他，願意替他打理。有人會侍候他，不會抱怨，因此其人的懶惰似乎不易讓人發現。而紫微在夫、福二宮的人，其懶惰、愛享福，是自己不管一切、較自私的懶惰及愛享福，會有人抱怨，故易讓人挑剔及看得出來。而且這些人的本命就是耗費多、不會理財的，又不能積極努力的打拚賺錢，因此其人一生的成就低，本命也財少了。

權祿科

第二節　紫微在『命、財、官』及『夫、遷、福』的意義

紫微在命宮

表示其人一生平順、好命、享福多，又野心大，其本人天生的思想就是想高、想受人尊敬，想事業有成就，但又想享福，不想要用太多力氣來做事，是故其人是又勞碌、又想偷懶的矛盾組合，因此其人生中也是一會兒快、一會兒慢的狀況。多努力一些就受人尊敬，也成就高了，多享福一些，就人生層次又低落或停頓下來一點。然後在心急時，又力爭上游，故而一生都在反反覆覆的上上下

下之中，有時也會不上不下。

紫微在財帛宮

表示其人在錢財上有野心，又有平撫及平順的力量。倘若紫微和殺耗、貪星同宮，肯定錢財是在力撫平順的狀況，也不太會有錢。若是紫微單星，或是和府、相等會理財的星同宮，則能聚財、存錢，一生不為財愁。**只要財帛宮出現紫微星**，包括雙星形式，你的人生最高目標就是金錢。其人一生會在錢財上增高、增富，一生所愛的就是錢，人生最高成就也是錢。

紫微在官祿宮

表示其人在事業上有野心，又有平順及平撫事業上起伏困厄的力量。倘若紫微是和殺耗、貪星同宮，則是在事業上雖打拚、賺錢，但其人本命是不一定有錢的。也表示其人本命是主貴的，能做大事成大業，但不一定能有大財富的。如果紫微是單星，或和天府、天相會理財的星同宮，則事業上能至最高的層次，也能創造極大的富貴了。但要小心有羊、陀、火、鈴、劫、空、化忌等六煞來破局，也是富貴層次會不高的了。**凡紫微在官祿宮時**，你人生的成就，和你最大的能耐，就在工作和事業上，不做事是不行的，也會一生為無用之人。

紫微在夫妻宮

表示其人內心心高氣傲，想做大事，但也較自私、也較懶惰，自己想要的東西多，又理想高，有時自己會去打拚，有時想找人代

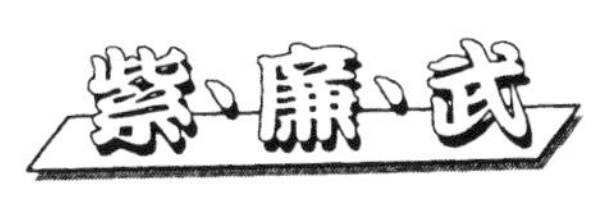

為打拚，自己不動手做。但自己心裡常想到享福的事是常有的，因此容易好高鶩遠，不實際，人生中依靠配偶多一些。倘若配偶關係存在，夫妻關係維持良好，你的人生層次會高。倘若夫妻關係不佳，晚婚、離婚或配偶早亡，則你的人生層次會降低，爬不起來。因此要早點補上，以免人生再往下落，導致人生困苦。**你的人生成就在於你是否嫁娶了好配偶**。有好配偶的人，則能做大事，成大業，有大野心。無好配偶的人，則無野心，好吃懶做。

紫微在遷移宮

表示其人周圍環境中是高尚、地位高貴、美麗、富裕、平和、有平順及平撫困厄的力量存在的，而且常好運連連，到處遇貴人。環境中也會使你有野心去力爭上游，更高貴、又具有權力、地位。

紫、廉、武

你原先就具有某些權力與地位了。但是在這種環境下，你更會瞭解與運作權力與野心，能爭取更多的權力與更高的地位，所以你一生都會在自己身旁的環境中擺弄政治性的爭鬥中以此為樂，又悠遊自在，並不斷的攫取權力和財富，以滿足自己的野心。另一方面，你又愛享福，也愛享財福，做高水準的物質享受。這也是你的野心和上進心的趨動力。你又會看臉色，懂得運用好時機，因此一生運氣好，想要的東西都能要得到。**你人生中最高層次的成就，都會是在外奔波，隨境遇轉變而得來的**。因此是好動的人。願意外出打拚的人，成就才會高。

紫微在福德宮

表示其人天生思想中，要享到最優質的享受和福氣，是其人一

紫、廉、武

生努力的方向。因此其人常好計算，會算做事划不划得來。絕不多做，或利益不相符合時，絕不做，以免浪費精神。即使少得一些錢財也無所謂，再從其他人那邊唬弄過來。**因此其人之人生最高層次在享福**，故會較懶惰、不打拚，或打拚比一般人少很多，但要享受的野心比旁人大，是故他們的人生中是有很多時間在休息，或是浪費在玩樂享福之中，能過悠閒愜意的生活，也能為了偷懶享福，而能忍受別人的愚笨，等著別人去做事，做好了讓自己享受現成的。

紫微星就是規格化了『人』一生的富貴、用度、財富、成就高低的這麼一顆主宰人生、及命運的星曜。

當你的命盤中有紫貪時，你就具有紫貪的富貴和人生經歷了。自然也會經歷武破、廉殺的起伏、困頓。**當你的命盤有紫殺時**，你所具有的財富與人生最高層次，也就是紫殺的財富與人生層次了。

紫、廉、武

自然在行運時，也要走武貪的好運和廉破的破敗之運。**當你的命盤中有紫府出現時**，你的人生中最高層次的財富和人生成就，就是紫府的層次了。在行運時，也自然會有武曲的財運，和廉相的不太聰明的、勤勞、操勞的福運了。**當你的命盤中有紫相時**，你的人生中一直是一種平撫、打理、計算力量的在支撐和運行的。你的人生最高層次就是平順、有錢的生活著。你會走武府，得財多，會小氣理財的財運，和用盡腦汁來經營、爭鬥的廉貞運。你人生中最高層次的成就和財富，就是紫相的層次了。

紫微星不同的組合，形成各個命盤格式，命盤格式是什麼，你就是什麼樣人生成就與何種財富規格的人。所以說，紫微星是規格化與架構了人命格與主宰人命運的超級巨星，是一點也不為過的。

第五章　紫微在『父、子、僕』、『兄、疾、田』對人之影響

紫微在『父、子、僕』、『兄、疾、田』等宮時，都算是在閒宮，對人之影響是有限的。紫微在正位，指的是在命、財、官等宮，其次是在夫、遷等宮，在福德宮也算是在閒宮了。

因為像命盤上父、兄、子、僕等宮，這些家人或朋友之間相互對待的關係，其實都可包括在遷移宮之中。你一出生時所來到的家庭，就遇到父母、兄弟，未來會有子女，你的環境中他們會怎麼對待你，你又會怎麼對待他們，都會在你的環境磁場中展現。**你的身**

體生理疾病狀況，倘若有刑剋，有殘疾，先天的生存環境也會不好，這也會出現在遷移宮的刑剋之中，亦會出現在命、財、官之中。**田宅宮有關財庫飽不飽滿**、有沒有錢的問題也同樣會出現在遷移宮之中。

另一方面，**你本身的內在感情模式是夫妻宮所展現的**，另有一些性格問題也會在命、財、官顯露出來。因此在你對待父母、兄弟、配偶、朋友、子女等問題時，內在性格與感情模式的狀態，也同樣會對這些人產生相關的親疏和影響。

當紫微在僕役宮

例如紫微單星在僕役宮時，是同巨坐命的人。同巨坐命者的遷移宮是空宮，表示較空茫，他自己常搞不清方向，環境中常看起來

溫和又多口舌是非，囉哩囉嗦，蜚短流長，閒言閒語很多，喜歡結交比自己地位高的人，佔點小便宜。而這些人只是比他的環境好一點而已，但會給他們一點小的好處。**紫微在僕役宮**，表示她自己和朋友都是勢利眼的人，因為本身的命、財、官都很弱，故要靠朋友來助長威風。但這些朋友真正的地位層次也不會太高，因為他本身的環境，就不是富貴的環境，本身的能力又不強，又如何能認識和交往地位高的人呢？倘若僕役宮是紫貪、紫破、紫殺的人，這些人就更是對朋友有過高的遐想，而實際對自己沒有太大的幫助了，而且還可能常看朋友白眼或冷淡以對呢！只有僕役宮是紫相、紫府的人，才能真正得到朋友的幫助。但朋友也是在財富上略高他們一級而已。

紫、廉、武

當紫微在父母宮

例如父母宮是紫微時，是命宮中有天機星的人。**當父母宮是紫府時**，這是天機居陷坐命丑、未宮的人。父母有錢會照顧他，而此命格的人的遷移宮是天梁居旺，表示就是長輩和父母在照顧他的環境，因為命、財、官都不強，也財少，因此要受父母和長輩的照顧。遷移宮的天梁就已顯現出了此人一生的環境和命程格局。而此命格的人之夫妻宮是太陽，表示其人的內在情感模式就是能傻呼呼的、寬心的接受別人對他的愛護和支助，一點也不會感到不好意思或不安。因為有這種心理狀態，因此也會產生如此具有貴人運來照顧的環境。

又例如當父母宮是紫破時，是天機坐命子、午宮的人，此人的

父母之間多爭執不和，常吵架或會離婚，有時父母不離婚但也會冷戰、關係不好。父母也會對這個天機坐命的人，時好時壞，此人也會對父母常不滿。此人的遷移宮是巨門居旺，正是環境中多是非的人，因此家中也多是非，讓其人常感覺很煩，再加上他本人情緒易波動，外出打拚較好，待在家中，他本身也是口舌是非之亂源。

當父母宮有一顆紫微星時，其人命宮都會有一顆天機星，而夫妻宮都會有一顆太陽星，表示其人頭腦聰明，內心中又天真、大而化之，有某些方面的憨厚，願意接受父母的照顧，而父母照顧的好不好，或是他本人對父母照顧的是否滿意，又是另一回事了。但表面上，外人看起來，都是十分不錯的，只是他自己的感受不同而已了。

當紫微在子女宮

當子女宮有一顆紫微星時（包括有紫府、紫相、紫貪、紫殺、紫破），你的命宮會有天梁、太陽、太陰這些星入命，或是命宮是空宮，而有太陽、太陰、天梁這些星在相照著。這表示基本上你的人生經歷或才華上就是『機月同梁』格或加上『陽梁昌祿』格的基本模式。而子女宮也是人桃花所洩、所出的地方。因此**在子女宮有紫微星時，其人的性能力是較強的**，對於子女的管教也會是強制霸道的對待方式，是自以為對他好的方式，但又表面上做出開放民主的教育方式。因此子女會某些方面接受，某些方面會反抗。

再談到子女宮有紫微星時，其人性能力較強的問題。在男性來說，不論子女宮是紫微、紫府、紫相、紫貪、紫破、紫殺，其人都

會性能力強，熱衷性事，問題還不大。當女性的子女宮有紫微時，性能力也較強，但亦要看田宅宮的好壞，而其人身體內的子宮有強弱，身體狀況會展現問題，也不一定會有子女了。

例如子女宮是紫微單星、紫貪、紫破、紫殺的女性，就要看田宅宮的好壞，來看是否有能生育子女的機緣了。某些人就會因子宮太弱或有病而不能生育子女了。因此，某些人雖子女宮有紫微星，但仍不一定會有子女的。

當子女宮有紫微化權，或田宅宮有紫微化權時都不好，容易無子或無子女。本身對子女或晚輩不太愛管、不太愛照顧、太霸道，或管得凶、相剋，也會無子女緣或無晚輩緣。例如前總統李登輝先生之子女宮是紫微化權、貪狼，就是無子之人。有一位太陽坐命的女士，子女宮是空宮，而田宅宮有紫微化權、貪狼，也是子宮有問題，不能生育。

當紫微在兄弟宮

當紫微在兄弟宮時，表示家中有長兄，或是家中有成就較好的兄弟。若是兄弟宮只有紫微星或是紫相、紫府等吉星，而無羊、陀、火、鈴、化忌、劫空同宮，兄弟的感情就不錯。有刑星同宮時，就沒有助力或不合了，兄弟宮若有紫貪、紫殺、紫破時，仍是不能溝通和不合的狀況。或彼此冷淡，思想觀念不同，沒有助力。

當兄弟宮有紫微星時，這些人在家中的地位都較低，光彩都被兄弟蓋過，其人會較懦弱或內斂、自閉，因為比不過兄弟，在外面與外人接觸時，也是容易畏縮、不敢爭、處處讓步、閃躲的。當兄弟宮好一點的時候，兄弟會幫忙他，也還有人說話。**當兄弟宮是紫**

貪、紫破、紫殺時，兄弟並不合，其人到外面交一些朋友，反倒是能得到一些稍為公平的對待。因為這些人的僕役宮反而比兄弟宮好。

※因此，**當紫微在六親宮**（父母、兄弟、夫妻、子女、朋友等宮）時，**要看紫微的組合而定和親人朋友的親疏關係**，並不一定全是好的。有紫殺、紫破、紫貪或紫府、紫相再加羊、陀、火、鈴、化忌、劫空時，都會關係不好了。

當紫微在疾厄宮

當紫微在疾厄宮時，表示其人在外觀上、健康都沒問題，外表也會強壯、挺立，但偶而會有心臟和脾胃方面的毛病。此人要看八字五行中，是否有戊土出干蓋住水了，或是水多土蕩的問題，也要

紫、廉、武

看是否有土木相剋的問題，否則易有腎病、眼目不好，以及有腹內疾病、糖尿病等問題。

例如：疾厄宮為紫破的人，八字中多水無制化，就容易有心臟、血壓及神經系統相互不協調的問題，也會有脾胃方面的不適，易有糖尿病，或泌尿系統、內分泌及淋巴系統的問題。這些問題大多在中年以後展現。

又如：疾厄宮有紫貪的人，紫微屬土、貪狼屬木，土木相剋，也易有腹內疾病，要小心腹內有寄生蟲，或腸道疾病，胃腸脹氣，以及房事過多，所造成之精血虛耗等問題，也會有手足神經系統不良症。

凡疾厄宮有紫微星的人，也是對性事感興趣的人，但其人身體狀況並不一定就夠強、夠承受。但疾厄宮有紫微星的人，必會熱衷

看病，也能找到良醫來醫治。他們是看病捨得花大錢、住豪華病房、請名醫，甘心為健康付出大費用的人。

當疾厄宮有紫微星時，表示你得自父母的遺傳還不錯，**你一生中最大的富有與資產，就是身體的強壯和健康了**。倘若你的疾厄宮有紫破、紫貪、紫殺，或加羊、陀、火、鈴、劫空、化忌，表示先天資源和後天之財富資產也都不算太好而有瑕疵了。

當紫微在田宅宮

當紫微在田宅宮時，表示你會住美麗、價值高的房子。只有紫微單星時，或有紫府、紫相時，表示你會有家產很多，財庫牢靠，存得住錢。家中的人相處溫和，而且懂得理財，家庭生活會很滿意。家中的人也會有些勢利眼，有些自私，你們一家人會只顧自己

紫、廉、武

過好日子，是不管外面的人如何困苦。你們是只管自己好就好的心態保守的人。

當田宅宮是紫貪時，你能住美麗的房子，表面上也像是有家產的人，但仍會與房地產無緣，或是房地產暫時掛在你的名下，後來變成他人的。或是父母說會分給你房子，但一直沒分給你。你家中的人也是表面和諧，但私下不能溝通，彼此相互不瞭解，也來往較冷淡的。女子有此田宅宮時，子宮也易有問題，不易生育。

當田宅宮是紫破時，你會住外表古舊但還算美麗的房子，或是外表美觀，但內在破舊、漏雨的房子，風水也不算好，表示家宅沒落，財庫有漏洞。家人是表面溫和、相處好，但有暗中爭鬥的狀況。家人也是愛優質享受，耗財多的人，家中也會有品行不端或愛爭鬥不和的人，而且家中也易有離婚分散之事。女子有此田宅宮

時，要小心子宮出血、有病變，會不利生育。

當田宅宮有紫殺時，你能住中等稍美麗的房子，但房子四周較險惡，風水不算很好，可能有路沖或是在有沖剋的地方，住的不算舒服。你本身賺房地產也十分辛苦。你的家人也會是表面對你好，但實際上較冷淡、對你較凶之人，家人中也多是非爭執。女子若有此田宅宮時，子宮較弱、易開刀，或不孕，需要多保養。

田宅宮是儲存人命資源與人的精力之所在。故田宅宮有紫微星時，其人的精力好，也會性能力強。但性能力強，並不一定代表會生子女，也不一定能生出兒子出來。**像太陽坐命子、午宮的人**，子女宮是空宮，田宅宮是紫貪，就不一定會生子女或會生出兒子，很可能只有女兒而已。**像紫殺在田宅宮的人**，是陽巨坐命的人，也容易子女不多，或不孕，或只有女兒、無子。

紫、廉、武

因此，**凡是紫微在『父、子、僕』或『兄、疾、田』等宮的人，你一生著重的是家庭生活及感情生活，本身的打拚能力，是沒有紫微在『命、財、官、夫、遷』等宮的人強的。**你們最好的宮位就是在『父、子、僕、兄、疾、田』之中，因此如何用人際關係、感情方式及家庭的力量來累積人生的財富，就是你們今生最大的課題了。應該處處少爭鬥、少是非，用溝通和平的方式來取得你們的利益。你們是爭不過紫微在『命、財、官、夫、遷』等宮的這些人的。因此要用另一種柔情方式來以柔克剛，才能找到你們人生中最大的利益和財富。

第六章　廉貞的特質與格局

第一節　廉貞的特質

廉貞五行屬火，為陰火、丁火。主紅色、主生女。化氣為囚，又稱囚星。是北斗第五星，專司品職與權令，屬於官星。廉貞在命宮、身宮時，又為次桃花。

紫、廉、武

廉貞的特質

廉貞的特質有好幾個方面：

1. 當廉貞為官星時

當廉貞為官星時，為官祿主。廉貞代表事業，這是一種經過多層次計劃、企劃、絞盡腦汁、多種營謀、長期經營、苦心積慮而成的事業。同時也是一種用盡心機，需奮鬥一生、耗費精力，經過種種爭鬥，又帶有腥風血雨而成的事業。

2. 廉貞代表政治與政治上的爭鬥

當廉貞代表政治時，會具有政治方面的企劃、營謀。廉貞是性狠而狂的，能言善辯的、好爭鬥、也好捕獵的。廉貞又為囚星，在

爭鬥捕獵之時，會用計謀將對手囚困而撲殺之。**故這是一種暗中的爭強鬥狠，也是一種內在的、內心的陰謀程式**。政治人物中多為命宮中有廉貞星的人，必須具有暗中營謀、爭鬥的技倆才能成大器，掌握權力。如果是溫和命格的人，如『機月同梁』格的人，性格不夠狠的話，容易成為『誤入叢林的小白兔』，也容易遭到撲殺。因此沒有一些陰謀勝算的人，是難以在政治上立足的。在現今政治圈中，例如台灣的陳水扁總統是廉相坐命的人。國民黨主席連戰先生是廉府坐命的人。宋楚瑜先生是廉貞居廟單星坐命的人。台灣行政院長游錫堃先生是廉殺坐命的人。美國總統布希是廉貪坐命的人。大陸前副總理朱鎔基先生是廉破坐命的人。大陸現任領導人胡錦濤先生命宮也有廉貞星。由此可知，**政治圈中命宮有廉貞星的人，才容易成為政治主流之人物**，因為他們的人生，天生就是來到這個世界來爭強鬥狠、掌握權力、挾制管理其他人，而達到自己的富貴人生的。

3. 廉貞代表智慧、企劃與計謀

廉貞代表智慧，也代表所具有的企劃與計謀的能力。每一個人的命盤中都有一顆廉貞星，**要看你的廉貞星的組合方式與旺弱，自然知道你天性中在智慧方面的高低，以及在企劃營謀上厲害的深淺度了**。例如命盤中廉貞居平、居陷的人，都會在營謀、企劃能力上不算好。如命盤中有廉相、廉府、廉殺、廉破、廉貪的人，廉貞會居平或居陷，這些人在做企劃案、設計、創造方面的工作是不行的，其人的腦子笨，只能做規格化的事務，或是執行動作方面的事務。會有衝勁、膽子大、敢破斧沈舟，敢於殺戮捕獵，但多半是別

人設計及企劃好了，他覺得新鮮又對自己有利，而快速行動，將別人的構思據為己有，成為自己的智慧成就。當人命盤中的廉貞居廟時，這種暗中營謀的智慧較強，企劃案也會做的好。我們常可看到命宮有廉貞居廟的人（坐命寅、申宮），常為自己的人生階段，做企劃分析，立下計劃表，要一步一步的實行，但能不能確實執行那就不知道了。

4. 廉貞代表官符

廉貞帶有官符。主要是因為廉貞多在政治上具有爭強鬥狠的技倆，又有暗中營謀、圖謀不軌、暗事做的多，易損陰德，在運氣不濟時，就會遭到反撲。而且在爭鬥中有勝有負，官符常隨影在侍。廉貞入命的人，又常暗中做一些不屬於正規或超越道德規範的事，夜路走多，終遇鬼。因此**有廉貞在命、身宮的人，官符是常如影隨形在身旁的**。當流年逢到廉貞運時，就要小心官符發生的問題了。有廉貞化忌在命盤中或流年逢到時，是必有官符災禍的。

5. 廉貞代表桃花

廉貞稱為次桃花，是僅次於貪狼的桃花星，其桃花的威力也夠強的了。**廉貞的桃花多屬肉慾、邪淫的桃花**，這和男女性愛是脫不了關係的。因為廉貞又為囚星，會暗中運作某些事。故廉貞入命的人，易有暗中之情事，或暗中不為人知的性愛關係。此命的男子，易包養女人或為人所包養、吃軟飯。此命的女子，易為小老婆、外室。有廉貞化祿入命宮者，更驗。

廉貞所代表的就是一種色情上的享受，廉貞為囚星，因此會將

這種肉慾關係囚於一室，因此容易金屋藏嬌。廉貞也代表人際關係上的桃花。**當廉貞入命、身宮或在夫、遷二宮時**，喜歡交際應酬，也喜歡與人拉關係來增加自己的利益。

6. 廉貞也代表一種精神上之享受

廉貞也代表一種精神上之享受，故有廉貞入命者，多喜歡蒐集一些物品，如古董或集郵，或蒐集其他嗜好品。當其人八字純正時，其人的格調會稍高尚一些，蒐集物品會是有價值的高級品。當其人八字為邪淫格局時，其人喜好的蒐集物品，會與情色、性愛有關的物品。

7. 廉貞也代表利益交換的模式

廉貞入命、身、財、官、夫、遷、福等宮的人，在人際關係上，喜歡交際應酬，與人拉關係。本命桃花多的人，較易交際能力好。這些人內心也多半自私、小氣，故在交際應酬與拉關係的手腕上，多採取利益交換的模式，也會對別人投其所好的以利益來交換。當然，這些活動也都是會在暗中進行的。

8. 廉貞代表血光災禍

廉貞主紅色、主爭鬥、殺伐，是一種刑剋，自然會帶有血光。在流年、流月逢至廉貞運時，要小心車禍、開刀、受傷所帶來之血光之災。

9. 廉貞也代表火災、燙傷、燒傷

廉貞屬火，是陰火，**在火災格局中有『廉貞、火星』、『廉貞、鈴星』、『廉貞、天刑』等格局**，當流年、流月逢到，要小心火災、燒傷、燙傷、發燒、發炎之危險。**此種格局如果是火災**，會悶燒、或有陰火再起之危險，故火災撲滅後，也要注意其再度燒起的可能性。**在燒、燙傷的部份**，傷口易靡爛，或傷勢延至他處，會擴大，要小心。**在發燒、發炎的部份**，易時好時壞，或看起來好了，結果又再度發燒或發炎了，要經過好幾回重複的問題才好。

10. 廉貞有一點慢半拍、及有拖拖拉拉的味道

當廉貞為災禍時，時間點很要緊。如廉貞在月份的運氣上，度

紫、廉、武

過那一個月就會沒事，或慢慢變好。如果在日子上，躲過那一日也會沒事。如果在時辰上，躲過那一個時辰也會沒事，或慢慢變好。但如果災禍事情發生了，要退去就會較慢，有一點拖拖拉拉的味道了。**當廉貞入命、身宮時**，其人在思想上，會有慢一點或慢吞吞的狀況。因為他們想得多，內心營謀多，總想做一件事可以兼得數種利益，或是疑心病重，懷疑別人的用心，常要佔在強勢主導地位，抓權、掌權、內心多複雜，故而在外表或表現上，會讓人覺得他們腦子慢或笨，有拖拖拉拉的感覺。實際上他們內在思想中可是在腦力澎湃激盪著。而這種慢一點的人，也常是出手快又狠的人，也常會讓那些外表乖巧聰明者吃悶虧，心裡很嘔呢！

廉貞在人、事、物、地、建築、疾病方面的特質

廉貞在人的方面：

代表眉寬臉橫、好爭奪的人。也代表政治人物、掌管軍事機密之人。更代表特工人員。代表偵防、偵探、搜密及情報人員。亦代表重工業或大工程之工程人員。代表國家之公務員。代表事務性官吏。代表操弄政治運作之人物。代表軍警人員。亦代表具有權謀之企劃人員、智庫人員、電腦之高科技人員。具有實權之公司中等管理階層之職員，如課長以上之人員。貿易經營者、店長等等。也代表酒店小姐、做色情行業之人，或與酒色財氣有關之人。或做人際關係之公關業、賣酒業。與血光、爭鬥有關之強勢競爭業的人。更代表法院、法官、監獄之執法人員，堪察災禍、災難執勤之救難人

員。

廉貞在事的方面：

代表暗中多計謀、鬼怪陰暗之事。亦代表慢慢企劃，等待時機成熟之事。代表政治之事，代表陰謀奪權之事。代表暗中打聽查探之事，代表商務間諜或政治間諜之事。代表公家之事。代表官非、官司之事。代表商業經營之事。代表交際應酬之事，代表淫穢色情之事，代表血光、災禍、火災、車禍之事。代表風月場所之事，也代表與智慧、計謀有關之事。衝動但能暫時忍住，慢慢再發作報復之事。

廉貞在物品方面：

代表政治宣傳品，或暗中傳遞有散播謠言或宣傳理念意圖的宣傳物品。電視傳播性媒體、電腦、工程物品、酒、油、易燃燒之物品、與血有關之物品、醫療器材、悶燒鍋、紅色物品、烤箱、內在燃燒發熱的物品，與官司有關的物品、證物。

廉貞在地或建築方面：

代表有口舌或武力爭鬥之是非之地，欲暴發戰爭之地。荒地、空地、經濟價值不高之田地，或有樹木、籬障之雜亂房舍，或是院落堆積雜物之房舍、破爛的小廟、廢棄之水果園、風月場所、酒家、妓女戶、酒場、加油站、電器製造廠、重工業區、電腦科技園區、電視台或電視攝影棚、血庫、屠宰場。軍事重地、軍事情報機

紫、廉、武

關、法院、監獄、競爭激烈之大賣物、出現鬼火之墳地。

廉貞代表黑暗紅色的或破舊暗紅色建築物。也代表古宅、破舊古老的園庭、防空洞、或外表暗沈及帶有地下建築（地窖或地下室、地下車庫、地下倉庫）的建築物。廉貞屬外表橫寬的暗紅色建築物。

廉貞在疾病方面：

廉貞在疾病方面代表血液的問題，血液不通，血液濃度過高，血液中有雜質，或貧血症，凡是一切和血液有關的病症。也易年幼時即身上或頭部長瘡或有腰足之災。亦容易患嘴唇潰爛或爛嘴角之毛病或牙病。

另外，**廉貞在疾厄宮，主有心臟方面的問題**，心氣不足、胸

悶、痰喘、咯血、失眠症、花柳病、癌症等等。廉貞居廟時，健康狀況好一些，廉貞居平或居陷時是雙星並坐，也會另有其特殊的病症與健康狀況。

廉貞與擎羊、陀羅同宮或相照在疾厄宮或命、財、官、遷等時，要注意傷災所發生之腦震盪之問題。也會胸悶、氣胸、易開刀、手足受傷、有骨折出血等問題。(包括廉府、廉相、廉貪、廉殺、廉破加羊陀同在疾厄宮)。

廉貪同宮在疾厄宮時，要小心眼疾和性無能之毛病。

廉殺同宮在疾厄宮時，要小心眼疾和血液的問題，易感冒、腹脹、肺部、氣管和大腸及腎、膀胱的問題。有羊、陀、火、鈴同宮時，小心手足傷殘，或受傷不能生育。

廉破同宮在疾厄宮時，代表呼吸器官及肺部、腎、膀胱、泌尿

系統、內分泌系統、淋巴等部位之疾病，易發生問題。有羊、火、鈴同宮時，小心手足傷殘或不能生育之傷殘現象。

廉相同宮在疾厄宮時，要小心消化系統不良症，會有糖尿病，或地中海貧血症、腎和膀胱之問題。加擎羊、火、鈴、化忌，易傷殘或不能生育。

廉府同宮在疾厄宮時，要小心火症、腎臟、膀胱、眼目不佳。有擎羊同宮時，上述狀況嚴重，易傷殘、瞎眼，或有洗腎之虞。有陀羅同宮時，有傷災、敗腎、牙病、出血症。

當女子之田宅宮有廉貞入宮時（包括廉府、廉相、廉貪、廉殺、廉破），要小心子宮易出血、開刀，或長瘤、血崩，有生育上之問題。

廉貞其他的特質

廉貞為官星、智謀、策劃之星，居廟時，事業較旺，智謀深沈，居平時，企劃能力不好，或會做一些用腦不多，用勞力較多，傻傻笨笨，可馬馬虎虎就能做的事來維生。

廉貞入『命、財、官』及『夫、遷、福』等宮較好，因三合宮位有紫微、武曲，可一生之生活或錢財上能富裕及平順，也會有事業，但會一生勞碌奔忙。**廉貞入六親宮時**，皆與六親不合，親人易嚴峻、陰沈、多心機、有衝突。同時也表示：你和家人在思想、觀念和價值觀上有極大之不同，因此無法相互瞭解溝通。

凡廉貞遇羊、陀、火、鈴、化忌、劫空在命、財、官、夫、遷、福等宮之人，思想上都會有不實際的想法，或與現實狀況有差距的判斷力。也容易心境不清閒，易煩亂，或頭腦糊塗，為人惡質、陰險或懦弱，其人身體上也會有毛病。主其人生倍受困擾。在大限、流年、流月逢到這些廉貞加煞的運程時，易有血光傷災和官非，桃花變質或人緣不佳，易遭人排斥。

紫、廉、武

廉貞入命宮的特質

當廉貞入命宮時，年少時其面色是黃帶白色。到老年時為紅帶黃黑色，為方型臉，顴骨高、眉寬露骨、口闊、面橫。居廟時，中等身材、不高、身體強壯、眼神有光。居平及居陷時，較瘦或高矮不一。廉貞入命之人，常不拘小節、不習禮儀、豪放灑脫、性格堅強、個性強硬、好爭鬥，會暗地裡耍手段來爭鬥。凡事好爭、好搶，有競爭之心，也會暗地裡排下日程表，排下進度表來爭。對於凡是利益爭奪之事都有興趣參一腳。凡事都政治化，也會運用人際

關係，和操弄周遭的情勢來形成醞釀氣氛而達到自己的目的。當命中有刑剋時，如有羊、陀、火、鈴、劫空、化忌入命，或沖剋、照守命宮時，上述這些爭利的技倆便不一定能運用或手段不足而失敗了。

廉貞入命宮之人，喜自己獨當一面，不喜別人管，財、官、遷等宮有化權時，較能有領導能力。但所有的人凡命盤上有『廉相羊』之『刑囚夾印』格時，會懦弱、易被人欺負，一生難以成名。其本人也常有內藏陰險之心機，而遭禍。

廉貞入命宮的人，都是勞碌不斷，身忙、心也忙的人。容易想得多、做得多。廉貞居廟時，會計劃很多，企劃案很多，白手起家，再一件一件的去做，思想計劃和行動有時會有時間的差距，因為他們腦子慢，等想好了計劃一步、兩步再行動，又有一段時間差距了，因此有些計劃和企劃案往往在時空的轉換下，已不合時宜，而時過境遷了，因此無法執行而作廢。當廉貞居平或居陷時，其人的計劃和企劃能力不好，但又愛計劃和做企劃案，往往是翻出別人已丟棄不做的企劃，又再度提起來炒冷飯，自然為人垢病或遭人攻擊，讓人說笨了。廉貞居平入命宮的人，都是雙星坐命的人。廉貞有自己的凶悍勁、好競爭，算是煞星之類的凶星。廉貞又稱囚星，是陰火，自然也就是煞星了。**當廉貞與殺、破、狼同宮入命時**，如廉殺、廉破、廉貪坐命的人，當然也就命中煞多，對於本命（身體和思想模式）會有一定的刑剋問題。這就會導致其人一生人生的方向和命運的起伏都會較坎坷、起伏大，並不如其他命格的人那麼順利了。同時這些人也是在艱苦卓絕的環境和意志力之下才能有出頭天的人。倘若八字中刑剋又更多一點，會無能，也沒有奮發力，其

命運和人生就乏善可陳，而多災禍了。

廉貞和天相及天府這兩顆福星和財庫星同宮入命時，你會發覺廉貞雖是居平，腦力不強，但天相福星和天府財庫星都是居廟的。因此就是靠這兩顆星來平順、平撫趨吉及支撐他們的人生。於是他們就可傻傻的，做一些不必用太多大腦的工作，就可以得到財富，而人生富裕，有一些享受了。（這裡所說的『傻傻的、不必用太多大腦』的意思，是指與別種命格比較之下，他們的工作及做事型態不太精細，並不是說他們真的笨，他們還是會有自己的思想，又很會企劃，會安排一些事務，精於計算和經營財務，才能致富和有錢的。）

凡是命宮中有廉貞星的人，都是不善整理家務和打理自身身旁瑣碎事物的人。他們的房間會很亂，辦公桌會很亂，他們總是想，

紫、廉、武

錢多的時候，就可請下人來整理了。沒錢的時候就暫時忍耐一下，以後再說。除非有人（家人、配偶）來幫他們整理，否則就一直亂下去了。

當一個家庭中出生了廉貞居廟坐命的人（在寅、申宮），表示這個家庭正走向奮鬥自強，將要有好一點的計劃，將家庭帶入較強的競爭力上，家庭能富強，但家人間也會是非多，父母會變得努力奮發一些。但如果此廉貞坐命者的兄弟姐妹命格較弱（如兄弟姐妹是機月同梁命格的人），則會受到排斥及不平等的待遇，會早日離家發展。有時這些狀況也不太明顯，只是暗中會出現的競爭模式。**如果家中誕生的是『廉貞化忌』或『廉貞、陀羅』命格的人**，則家中是非多，或正遭災難，他本身也得不到太好的照顧了。

當一個家庭中出生了廉相坐命的人，表示此家庭較窮或較複

雜，家中問題多，此人的誕生，正帶給家庭一個重新整頓的企機。因此當廉相坐命者誕生後，家中開始變好一點，但是非仍多。此人終其一生都在打理解決是非問題。**當家中誕生的是『廉相羊』命格的人時**，家中是非會更嚴重，家中較亂、問題較難解決，也無力抵抗，家庭易受欺侮。

當一個家庭中誕生了廉府坐命的人，表示此家庭中原本不太富裕、較窮，或家中的人較凶，對於賺錢不努力。當此人誕生之後，家中的狀況開始改善，家中的某些人也會省吃儉用，開發一些財源了，但主要還是靠此人來賺大錢的。

當一個家庭中出生了廉殺坐命的人，表示此家庭是一個極平凡的家庭，有些人的家庭較窮，有些人的父母略有田產、土地或積蓄，但不會太富有，算是略小康而已。當此人誕生之後，家中人開始笨笨的打拚，生活仍很清苦、節儉，但日子經過努力能一天一天變好一點。

當一個家庭中出生了廉破坐命的人，表示此家庭中紛爭多、較窮，或是已經破碎或將要崩潰了。此人幼年得不到較好的照顧，稍長，也會奔波他鄉，離開原始出生地才能生活稍好一點。但其人終其一生都在混亂、貧窮、爭鬥、破碎、破爛的狀況與環境中求生存。所以太好、太享福的環境，他是待不住的。問題多，他才會活的有勁，但太貧窮時，他也會懶洋洋、軟趴趴的。不過，如此的環境有時也會激發他們向上奮鬥的力量，來改變其命運。

當一個家庭中出生了廉貪坐命的人，表示此家庭中正是狀況最差的時候。可能是父母不合，或有外遇，將要離婚，家中爭吵多，將要家庭破碎，也可能是家庭面臨經濟危機，較窮，或是家庭正遭受災難襲擊。此人幼年時代還很乖，知道逆來順受，因此某些人會養成懦弱的性格。而某些人在稍年長時，便想反抗、不聽話，會想到外地發展，離開原來的家庭。此人一生常遇不好的狀況，人緣也不佳，有的是爛桃花，但會有好的配偶做避風港。

但如果是庚年生的人，夫妻宮有天府、擎羊，**或是甲年生的人**，官祿宮有武殺羊的人，也不容易找到好配偶，也易婚姻破裂，一生苟延殘喘過日子。

廉貪入命宮的人，好爭，但常爭不到，運氣極壞。人緣不佳，只適合做軍警武職，做文職一生無發展。

第二節　廉貞的格局

廉貞的格局

1.『富而好禮』格

有『**廉貞、文昌**』**在申宮坐命者稱之**。其人會多智謀、外表穩重、斯文、頭腦精明、為人幹練、學習能力強、計算能力強，亦能知識水準高，喜歡美麗、細緻、文質的事物，善於運用知識而致富。自然是『富而好禮』了。其人命盤中的文曲星是陷落的，在午宮之夫妻宮中和七殺同宮，表示其人是話少，只顧埋頭苦幹的人。

如果『廉貞、文昌』坐命寅宮者，則不是『富而好禮』的格局，因為在寅宮，文昌陷落，表示其人外表與性格都不斯文、較粗俗，而且財富的格局也較小，就稱不上『富而好禮』了。

2. 『清白相守』格

廉貞居廟坐命在寅、申宮，其命、財、官、夫、遷、福等宮皆無煞星來會者，能清白相守，正直不阿，人生中也不會被桃花牽扯搞亂，能平穩的賺到財富，也能事業有成，盡忠職守，為一有成就的人。

3. 『絕處逢生』格

命坐亥宮之廉貪坐命之人稱之。因亥宮為水木長生之位，亥宮也為四生宮之一，廉貞、貪狼在亥宮入命，廉貞、貪狼皆居陷位，又為木火格局之命格。廉貞屬火，易滅絕，而貪狼屬木，有水長生，才再活過來，亦能再生火，故稱之『絕處逢生』格。凡此命格之人，皆有幼年辛苦，身體也不好，不太好養，一生也多災多難，環境不佳，但有機會絕處逢生。此命格之人多半命中財少，但有家人接濟，也因此可絕處逢生了。

4. 『刑囚夾印』格

凡廉相坐命，有擎羊同宮或相照的格局稱之。命盤上有廉相加擎羊的格局（在其他的如『夫、官』、『兄、僕』、『財、福』、『父、疾』、『子、田』的宮位同宮或相照）也算是。

凡是有此格局在命盤上時，流年、流月、流日逢到，皆有官

非、災禍，或懦弱遭災。**當此格局在命宮或遷移宮時**，其人會懦弱，易遭欺負，也會有官非（打官司）、血光之事。此即為『廉相羊』的格局，女子逢此格局時，也易遭強暴，或有傷害性命之事。

其人平常流日逢此格局時，也會懦弱，在錢財或掌權上遭欺負，會損耗遺失錢財，無故遭人罵、遭人打，其人自已也會較笨、又多是非，想得多，又偏偏不是正理，讓人抓到小辮子來猛K。

5. 『粉身碎屍』格

廉貪加文昌或文曲坐命巳、亥宮者稱之。命盤上有此格局在其他人事宮位者，也要小心。此命格的人，容易頭腦不清、政事顛倒，遇災而亡，易早夭，以命坐巳宮者為最凶。命書上說：『文昌、文曲會廉貞，命喪夭年。』即是指此格局。皆因頭腦不清，運氣也不佳，誤入凶地而遭災。

6. 『路上埋屍』格

此格局即是指有：『廉殺羊』和『廉殺陀』在命盤上，會有車禍或舟船、交通事故身亡的格局。

『廉殺羊』、『廉殺陀』格局的形成：

①『廉殺、擎羊』或『廉殺、陀羅』同在丑宮或未宮。

②廉殺在丑宮或未宮，對宮有擎羊或陀羅相照時的格局。

③廉府在辰宮或戌宮，又有擎羊或陀羅同宮，而和對宮的七殺形成『廉殺羊』或『廉殺陀』的格局。

④廉府在辰宮或戌宮，對宮有『七殺、擎羊』或『七殺、陀羅』，而形成『廉殺羊』、『廉殺陀』的格局。

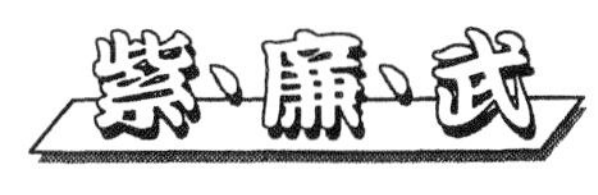

凡命盤上有此格局者，大運、流年、流月、流日、流時，三重逢合，就有性命之憂，是一生中的大劫關，有交通事故而亡的危險，要小心算出事故發生的時間可預防之。在平常的時日逢此格局時，也要小心車禍傷災。勿在此月份、日、時，出遊或在路上行走。可暫時進入附近屋內躲避，等過了這個時辰，再外出活動。

7. 廉殺為積富之格

此稱廉殺坐命者，田宅宮為天同居平，為小康之家，大多有少量家產。其人性格保守，以守成著稱，辛苦勞碌，故可為積富之人。但也要看八字命格帶財多寡而定。倘若八字財少，命、財、官、遷、福等宮必有煞星刑剋，也無法成為積富之格了。

紫、廉、武

8. 廉貞、七殺為『流蕩天涯』之格

凡是命、財、官、遷等宮，有廉貞、七殺入宮的人，皆易是『流蕩天涯』格的人。表示其人會勞碌奔波，離開出生地。有廉殺在命、財、官、遷的人，易做軍警武職和貿易經商之人，在外艱辛勞碌。加煞星如劫空、化忌者，勞碌無得，不知所終。

9. 『風流彩杖』格

命宮或命盤上有『廉貞、貪狼、陀羅』三顆星同宮或相照者稱之。

①命宮在巳、亥宮有廉貪加陀羅坐命。②廉貪坐命，遷移宮有陀羅。③廉貞、陀羅坐命寅宮或申宮。④貪狼坐命寅、申宮有廉

貞、陀羅在遷移宮。⑤廉貞坐命寅、申宮，有貪狼、陀羅在遷移宮。⑥貪狼、陀羅坐命寅、申宮，遷移宮是廉貞的人。皆為『風流彩杖』格之命格的人。

另外命盤上其他的宮位有『廉貞、貪狼、陀羅』三顆星，在寅、申宮，或巳、亥宮等同宮或相照的，也都是具有『風流彩杖』格的人。

凡有此格局的人，易有桃花邪淫之事，會因此遭災及耗財。**有『廉貪陀』在命、遷二宮的人，容易是不正常關係下所生之人**。其人也喜歡用一些不正常的桃花關係來得到利益。在性關係上較開放，這是本命好淫之人。

倘若你的本命是其他的命格，而命盤上有某些宮位形成『廉貪陀』之『風流彩杖』格，那你要小心在流年、流月、流日逢到時，

紫、廉、武

易有桃色糾紛而吃虧或引發官非、有丟臉之事，或受性騷擾、強暴之事。若要防範此類災禍的發生，在此流年、流月中要小心和異性相處，不要和異性太親密，時時注意自己的言行舉止，這是可以事先預防躲過的。近年來，亦有同性戀相互傷害的問題，也常是因為命盤上有此格局而遭災，因此有此『風流彩杖』格的人，不只連異性要防範，就連同性也要小心注意了。

凡因『風流彩杖』格而遭災的人，通常是在寅、申、巳、亥四個年份發生事情最多。以巳、亥年為最嚴重。因此喜歡談戀愛，及喜歡有不尋常戀愛關係的人要注意了！你的桃花很可能會對你有很大的殺傷力，亦可能是刑剋你生命的元凶。

10.『眾水朝東』格

廉破在卯宮遇文昌或文曲，稱為『眾水朝東』格，此乃刑殺沖破，一生驚駭，主窮困、勞碌，難有發展，多災禍之格局。

11. 貞居卯酉，定是公胥吏輩

廉貞、破軍同宮於卯宮或酉宮之命格，多為公門胥吏、僕役之人。為小公務員、小官吏，或衙門僕役，為工友之人。

第七章　廉貞的形式

廉貞有單星的形式，在寅宮或申宮居廟，稱之。另一種形式是**雙星形式**，例如廉相、廉府、廉殺、廉破、廉貪。

廉貞為官星，當廉貞單星與左輔、右弼同宮時形成『輔官』的形式。廉貞居平、居陷時，都是雙星形式，若再加左輔、右弼，就要看坐落於何宮，又同宮的星是吉、是凶而定其輔助是善、是惡了。大致上來講，**廉貞居平或居陷再加左、右，都算是『傷官』的形式**。例如廉相加左輔，左輔是助善也助惡的，因此左輔會幫助居平的廉貞，智慧更薄弱，或不用大腦，企劃能力更不好，但會幫助

天相福星能更圓滿的打理一切事情，使之圓滿而享到福。因此享福的狀況很明顯，不用大腦及腦力不好的狀況，也會很明顯了。倘若，廉相、左輔是在子宮為命宮，其人的福德宮會有另一顆右弼星和七殺同宮，因此此人還很保守、頑固，十分忙碌，很愛打拚，但聰明度不佳，能苦幹蠻幹，最後也能有人幫忙把事情做成，他的意志力是很強的，只是有時候連他自己也搞不清楚是如何能成功或賺到錢的，可能會歸功於自己苦幹、實幹的精神與精誠所致、金石為開吧！

第一節　廉貞單星的形式

廉貞單星的形式，會在寅宮或申宮出現，這是『紫微在辰』及

『紫微在戌』兩個命盤格式中會出現的星曜，皆居廟位。**其意義是善於營謀、爭鬥、多想、勞碌，有暗中陰險的智慧、政治鬥爭、暗中的桃花享受，有官非。**

『廉貞、左輔』或『廉貞、右弼』為『輔官』形式

『廉貞、左輔』或『廉貞、右弼』在寅、申宮出現時，皆為『輔官』形式。能幫助其人更有智謀，更愛計劃，企劃能力強，事業會做的好，也會更勞碌。同時廉貞也是競爭、爭鬥之星，故也會幫忙爭鬥更多，窮於奔命。當『廉貞、左輔』或『廉貞、右弼』在寅、申宮時，會有另一個『右弼、七殺』或『左輔、七殺』在子宮或午宮同時出現。**當廉貞、左輔為命宮時，『右弼、七殺』就是夫妻宮**，這表示其人好爭鬥，勇於在事業上爭鬥，在其人內心深處就是

紫、廉、武

一種保守的，只顧打拚，但只會在某種小圈子或小範圍中打拚，十分勞碌，內心不平靜，事業會有成就，但適合專業性的事業，如軍警業、政治等，不適合做精細、精密，或需要手工製作的行業。這同時也表示，在你的本命中有男性平輩之人會幫助你更有計謀，策劃更好，但也有保守的、女性心態的特質使你更勞碌不停。

如果是『廉貞、右弼』在命宮，夫妻宮為『七殺、左輔』時，就是本人有保守心態，來多計謀，也會有平輩女性用保守的方式來使你爭鬥多。在你的內心就是一種更加勞碌的打拚方式，你也會找到更強悍、督促你更嚴格的配偶，這個配偶一方面會幫忙你打拚，但同時也是讓你更勞碌工作的人，因此也不一定和諧。實際上你也有自己自私的一面，對你自己享福有利的事，你會很愛打拚，對你自己享受不利的事，你就不一定愛做，故夫妻易意見相左，有再婚的可能。

廉貞、文昌或廉貞、文曲同宮時

當廉貞、文昌或廉貞、文曲同宮時，在申宮是『助官』的形式，在寅宮是『刑官』的形式。

廉貞、文昌在申宮，因廉貞居廟、文昌居得地之旺位，還能頭腦清楚，精明，精於算計，企劃能力好，智慧高，同時也是『富而好禮』的格局，故能幫助事業上有大發展，故是『助官』的形式。

廉貞、文曲在申宮，文曲也居旺位，是口才好，油滑，善於運用手腕及人際關係，有智謀才華來發展事業，因此也是『助官』形式。

廉貞、文昌在寅宮，廉貞居廟、文昌居陷，仍具有計謀，但會陰險，損人不利己。本身計算利益的能力差，不會理財，粗俗，學習能力差，常自做聰明，頭腦笨，也會用一些小聰明來賺錢，耗財也會較多，一生容易在一些層次不高的環境中生活，也常會因利害衝突而陷自己於不利的狀態。因此算是『刑官』的形式。

廉貞、文曲在寅宮，廉貞居廟、文曲居陷，頭腦仍愛想計謀，但也頭腦笨，口才不好，表達能力不好，沒有才華，也易因口才引起紛爭，周圍環境也會冷清和賺錢少，故也是『刑官』格局。

廉貞、天空或廉貞、地劫同宮時

廉貞、天空是『官空』形式。廉貞、地劫是『劫官』形式。當廉貞、天空在寅宮出現時，對宮必有貪狼、地劫相照，『貪狼、地劫』是『劫運』形式。若廉貞、地劫有『劫官』形式在寅宮時，申

宮就有『貪狼、天空』在申宮為『運空』形式。因此廉貞無論在寅宮或申宮遇空、劫，對宮會有另一個地劫或天空。也因此『官空』會和『劫運』相照，『劫官』會和『運空』相照，全都是無官、無運的狀況，自然事業運會不佳，頭腦空空，思想不實際，人生起伏大，不平順了。

廉貞、陀羅在寅、申宮時，為『刑官』格局

廉貞、陀羅在寅、申宮為『刑官』格局，主要是因為陀羅會使廉貞的爭鬥拖長、拖慢，而其人很愛用腦子想，性格悶悶的，心中多是非，但腦子笨，凡事拖拖拉拉，常別人已爭鬥、爭奪完了，他還反應不過來，計謀尚未想出，或是自己想了一個笨主意，卻是讓別人佔了便宜去，自己懊惱不已。此格局是多是非、爭鬥不停，容

易讓人嫌棄、欺負的格局，自然也不利事業，故為『刑官』格局。

廉貞、祿存在寅、申宮時

廉貞、祿存在寅、申宮時，是甲年生的人。**在寅宮時**，會有廉貞化祿加祿存同宮，形式『雙祿』格局，表示性格保守小氣又桃花多，有自己特殊的享受，也愛享受秘密式的色情享受，因此易有不倫之戀，或外遇問題。財是有，但易是賺桃花色情的財，或是薪水族，保守的賺錢方式，你也會圓滑的靠人賺錢，不想和人有衝突。

在申宮時，只有廉貞和祿存同宮，思想是保守的計謀，你的智慧不太高，人緣也不廣闊，為人自私自利，自然所賺的錢也不算太多，但一生平順，衣食還算充足。

因此，由以上得知，祿存其實限制了廉貞或廉貞化祿在事業上或智慧上的發展，故而是略帶刑剋色彩的形式。

廉貞化忌在寅、申宮時

凡有廉貞化忌在任何一宮時，都為『刑官』格局。會頭腦不清，智慧低落、混亂，沒有主意和主見，易聽別人的諂言小語，受人鼓動或欺騙，會被人欺負，人緣不好，有官非，易挨告，上法庭。在事業上亦會頭腦糊塗，起起伏伏，工作不長久，有飯吃就不錯了。在事業上是怎麼做都是一團亂，也會愈做愈亂糟糟，是非爭鬥多。也會有血光之災、車禍、政爭等問題。

第二節　廉府的形式

廉貞、天府同宮是雙星並坐的形式，會在辰宮或戌宮出現，這是『紫微在子』或『紫微在午』兩個基本的命盤格式中會出現的。無論在辰宮或在戌宮皆是廉貞居平，天府居廟。

廉府同宮的意義是：智慧能力不高，營謀不多，爭鬥不激烈，但精於計算，會利用人際關係，交際應酬來得財，卻可以得許多財。**但廉府的財，基本規格都不太大**，也是帶有政治意味的財，而且多半與拉關係，和人建立關係有密切的關連，如果沒有這項人緣上的才能，財就會很少了。

廉府同宮，在財帛宮，代表所賺的錢，不需花太多腦筋，還充

裕，有衣食上的富裕程度，能小有積蓄，但不是大財富。而且賺錢的方式是和交際與人際關係有關的賺錢方式。用錢方式會小氣吝嗇，只對自己大方。

在官祿宮，代表工作上不需花太多腦筋，但會理財、存錢。工作會和錢財有關的工作，例如在金融機構或機關行號、公家機關中管理財務，或經手錢財的工作。你會看到的數字是大的，但手邊經手的錢財鈔票金額都不算大。因此不會做太大的事業，但會賺一些錢及能存到的錢。

在夫妻宮，表示配偶不聰明，但很會存錢，也善於交際應酬。你們夫妻倆會有志一同的熱衷交際，打好關係，靠關係來打開前程。同時配偶也是小氣又略有家產的人。表面上你們還相處平順，配偶也能帶財給你。

紫、廉、武

在遷移宮，表示你周圍環境中就是一種規格不大、衣食還豐裕，不必多用腦筋就能富足的環境。而且環境中人與人之間的關係密切，交際應酬多，隨便就能賺到一些錢。但你和你周圍的人都是較小家子氣、不太大方、性格保守、錙銖必較，喜歡用利益來相互交換的人。

在福德宮，表示你天生喜歡享受一些小財福，享受一些生活上必需的衣食享受就很滿足了，天性有些小家子氣，也沒有大志向或大氣魄來發富。你命中財的規格就不大，你也喜歡用交際應酬來過生活，這也就是你的生存之道了。

在父母宮，表示父母是小康境遇，對你好，略有財給你。父母是小氣，但會存錢、智慧不高，但做事一板一眼的人。而且父母善於交際應酬。

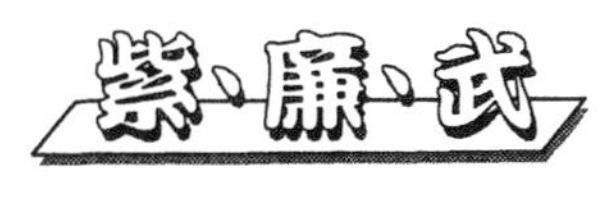

在子女宮，表示子女與你感情好，子女善交際、人緣好，子女也是能過小康型態的舒服日子的人，他們不算太聰明。

在僕役宮，表示朋友皆是公教人員或小康環境的人，朋友們的經濟狀況很穩定，又會儲蓄，也會帶給你利益好處。朋友們個個善交際，你更會交際應酬，因此朋友關係好，相互帶來利益。

在兄弟宮，表示兄弟是小氣、吝嗇、保守、善儲蓄，生活有小康富裕的人，與你的感情不錯。亦能在財務上對你有小小的幫助。

在疾厄宮，代表健康還不錯，但要小心上火，及脾胃、腎臟方面的問題、血液問題、皮膚病、嘴角及嘴唇潰爛和牙病。

在田宅宮，代表有較破舊，但仍值一些錢的房地產，你家中的人，很會存錢，彼此會用守分寸的方式來親密及常聯絡感情。你的財庫不大，但穩當。房地產能稍稍增多一些。

紫、廉、武

廉府同宮，在事的方面：代表傻傻的、用腦不多，做些奔波或粗糙的事，就能一點一滴的賺錢、存錢。亦代表小氣、吝嗇，會為享一丁點福氣而與人交互利益。也代表會用政治性或公關的關係，由交際應酬而得財。更代表軍事機構之財務管帳之事。亦代表用交際手腕圓滿的解決政治紛爭之事。亦代表帶點政治意味的賺錢之事。買賣舊貨而能生財之事。需錙銖必較之事。

廉府在人的方面：代表經商的貿易人員、公關人員，略加手段而賺錢的人。賣舊貨的人。不富裕卻能存錢的人。醫療人員、服務業之人員、法院收支處人員、稅捐處的人員、銀行員、放高利貸的人。公司機構、工廠之出納、會計人員。金融機構之職員。領薪水不多的人、農牧人員、生意人、上班族。

廉府在地的方面：代表小舊的飲食店、小舊的銀行、有點舊的

高級住宅區，或是價值中等略少一點的社區住宅。或是值一點錢，但不太貴的房地產，或是略帶雜亂的山崗。舊的、不算美麗的高樓。略有破損但還值錢的華廈。破舊但內在設備充足的房舍。小型的果園。不太貴、略有價值的田地。會賺中下層級人的錢的風月場所。稍有價值的墳地，堆積值錢舊貨、雜物的處所。

廉府所代表的建築物是：外表古舊，但仍有價值的房舍高樓，或雜亂但仍值一些錢的房舍。海關大樓、稅捐稽徵機關大樓。外表不高、較橫寬、內裡能儲存較多物資的倉庫。或是外表暗紅帶土色之建築。或是有紅色屋頂，而屋身為土黃色之高樓、房舍。

廉府在物的方面：代表紅色的農業品。有中等價值的農產品。小金額的動產。略有價值的不動產、薪水、小的銀行儲蓄存款。舊存錢筒、舊保險箱、舊地契、舊存摺、簡單的投資標的物。

當廉府與羊、陀、火、鈴、化忌、劫空同宮時，則人、事、物、地、建築之特性也會稍有改變，會變得根本不值錢，乏人問津，或有問題。

廉府入命宮

當廉府入命宮時，其人臉色在辰宮是偏黃白，在戌宮是黃紅帶黑黯色。在戌宮身材較瘦小，在辰宮稍高瘦。廉府坐命的人，幼年身體易有缺傷，或家庭有缺陷，但其人性格會保守，外表穩重，幼年較笨，學習慢，長大後亦是一板一眼的人，較愛賺錢，是既愛勞碌、又愛享福的人，因此只能享一些物質上的享受，但人較粗俗，和不瞭解精神享受的真意。

凡家中生出廉府坐命的人出來，無刑剋，表示此家庭將要轉

好，會傻傻的，用腦不多，靠一些智慧不高的手段就能賺到錢了。因此家中有廉府坐命的人誕生時，也會為家中帶財來。其人才智不高，但會理財，也極會存錢、儲蓄，能儲蓄致富。**廉府坐命者的人際關係也是其人的重要財富資源**。其僕役宮是陽梁，表示有男性及女性的長輩級貴人在照顧、友好，故其人一生在外多順利，可因人而貴或因人而富，只要有人提拔，便能發跡，有富貴了。**甲年生的人**，命宮有廉貞化祿、天府，而僕役宮有太陽化忌、天梁、擎羊，此種命格的人會油滑、懶惰，好情色享受，朋友運不佳，背離了原本命格中的人緣優勢特質，因此人生也會不順，成就不高。

廉府坐命的人，只要命、財、官、遷無劫空、化忌、羊陀進入，便一生錢財順利，工作順利，有一定的福祿，生活富裕。因其人的財帛宮是紫微、官祿宮是武相，故一生不為財愁，但必須自己去賺、去打拚，因遷移宮是七殺居廟的關係，也一生勞碌奔波，才有財賺。

有廉貞化忌、天府在命宮的人，也會有陀羅入命宮或在遷移宮中相照命宮。其人頭腦不清、多是非災禍，本身身體有問題，有先天性之傷剋，故也會刑財，比較笨，若財、官二宮還完美，也會生活順利，手邊用度充足。但事業上不會有太大發展，能賺糊口吃飯的錢而已。

廉府坐命的人，其人一生的目標都是在賺錢之上，能形成『陽梁昌祿』格的人極少，因此能具有高學歷和高知識水準的人也極少，一般也只是在社會上做一個稍富足的普通人而已，能力好的人，也能積富為富翁。其人易和家人不和，或為家人辛勞，而不受感激，這是需要正視和注意的事。

廉府的形式

廉府、文昌或廉府、文曲同宮時

廉府、文昌同宮時，在辰宮，文昌居得地之位，表示會外表長相斯文，計算能力好，更小氣、精明，口才不佳，因對宮的文曲居陷和七殺同宮相照，故外在環境中人緣不佳，也較冷清。你會文化素質高一些，會儲蓄，賺錢不多，但生活能平順，享小福。**在戌宮**，文昌居陷，表示你外表較粗俗，頭腦不好，計算能力有瑕疵，計算利益的方式不佳，也會小氣，吝嗇，耗財多。而你的遷移宮中有文曲居旺和七殺同宮，表示你的口才好，外面環境是熱鬧，能讓你打拚起勁的環境，因此你會勞碌不停，做不算高級的工作，錢財進出很多，財來財去很快。

廉府、文曲同宮時，在辰宮，你是口才好，油滑，好交際之人，但遷移宮有文昌居陷和七殺同宮，你周圍的環境是粗俗、凶惡，讓你賺不到太多錢，又耗財的環境，你會一生奔忙，頭腦不算好，只能賺衣食而已的生活。

在戌宮，你是口才差，人緣稍有問題，喜交際應酬，但又應酬不好的人。你的遷移宮中有文昌居得地之旺位，和七殺同宮，表示你會在略斯文又辛苦的環境中打拚，周圍人都比你聰明，故你易賺錢辛苦，財富會減少，沒你想像的多。

廉府、左輔或廉府、右弼同宮時

當廉府、左輔在辰宮或戌宮時，對宮有七殺、右弼相照，表示

當你的環境中是一種保守、固執、霸道的做一種保守的用蠻力來打拚奮鬥的形勢時，你會更勞碌，同時在你的本身也會用腦不多，企劃能力不好，做一些粗活，可是能賺稍多一點錢。因此你只是會做某些特殊專業的工作。工作會做得賺錢，也有人幫忙你賺錢，但亦會有人使你忙碌不停，要付出很多的辛勞。

當廉府、右弼在辰宮或戌宮時，對宮有七殺、左輔相照，表示環境中是一種性格爽直但勞碌的環境，而其人本身具有保守、小氣、霸道的性格，很會存錢與努力賺錢，會做專業的工作，工作能做得好，有人會幫忙你賺保守的錢，但也會有人使你愈來愈忙碌，也會幫你耗財耗精神。

紫、廉、武

廉府、擎羊同宮時

當廉府、擎羊同宮，擎羊在辰宮或在戌宮都是居廟位的，這是『刑官』又『刑財』的格局。表示其人會心思多，但計謀不好、陰險，但不實際，因此本命財會少，有刑剋，在其人身體上也會有毛病，眼目不好，腎衰，或脊椎骨有問題。一生容易成就不高，人生多起伏，以及命、遷二宮會形成『廉殺羊』之『路上埋屍』格，易有車禍或交通問題而喪命。易不善終。

廉府、陀羅同宮時

當廉府、陀羅同宮時，陀羅也是居廟的，這也是『刑官』和『刑財』格局。表示其人內心多是非、思想慢、較笨，常煩惱一些無意義之事。其人身體也會易有傷災、牙齒及腸胃不佳，及有精神

上之鬱悶問題，心情易不開朗，也會影響其人一生不平順或成就不高。做事多進退，也會有『廉殺陀』、『路上埋屍格』，易有交通事故而喪生或受傷。也易不善終。

廉府、火星或廉府、鈴星同宮

廉府、火星或廉府、鈴星同宮時，**在辰宮**，火、鈴居陷，會『刑財』和『刑官』，其人會性格衝動、古怪，表面上聰明，但實際用腦不多，性格火爆及耗財多。其人賺錢的方式與社會層次較底，也與黑社會有關。易無法在上流社會中賺錢。在你的人生中常不熱鬧或漏失機會。

在戌宮時，火、鈴居廟，其人仍是衝動，脾氣不好，古怪、火爆的人，也會『刑官』和『刑財』，多車禍及突發災禍，但也偶有意外之小財，但不長久，也留不住。在你的人生中常有突然出現之機會，有時是好的，有時是不好的。而且你的財是一陣子，或偶有一票的性質，不是持續穩定的薪水之財。你也易做私下暗地裡和不法有關連的勾當。

廉府、地劫或廉府、天空同宮

當廉府、地劫同宮時，其福德宮就有貪狼、天空。當廉府、天空同宮時，其福德宮就有貪狼、地劫。表示本命是『劫官』、『劫財』的命格時，天生的福氣就是『運空』的福氣。這也是說，其人腦袋空空，不實際，本命財少，不想貪，也貪不到，本命會被劫財，故工作會有起伏或不工作。人生常做一些不實際及無用之事。但其人仍會有一些古怪的聰明，也易在創意方面有一些奇怪的想

法，會與一般人不同。

當廉府、天空同宮時，其福德宮是『貪狼、地劫』。表示其人是『官空』及『財空』命格時，其天生福氣是『劫運』格局，因此其人也會頭腦不實際，常有奇怪想法，做事無法落實，而天生無運氣成功。

廉貞化祿、天府同宮

廉貞化祿、天府同宮時，是有特殊嗜好享受的格局。會有桃花色情上的享受或蒐集癖好。其夫妻宮都是破軍化權，夫、官二宮會有祿存進入，婚姻不美，易因桃花或外遇而離婚，也會影響其人一生成就不高。

廉貞化忌、天府同宮時

廉貞化忌、天府同宮時，是頭腦不清，多是非爭鬥，精神有問題，其人身體上也會有問題，有官非糾纏。**在辰宮時**，有陀羅同宮，是非災禍更多，其人更笨，易自殺、或車禍而亡。**在戌宮時**，其財帛宮有擎羊和紫微同宮，為『奴欺主』之格局，故也賺錢不多。遷移宮有七殺、陀羅，是低下又勞碌的環境，故其人一生成就不高，懦弱無用。

第三節　廉相同宮的形式

廉貞、天相同宮，是雙星並坐的形式，會在子宮或午宮出現，是『紫微在寅』或『紫微在申』兩個命盤格式中會出現的星曜。廉貞居平，天相居廟，在子宮時，天相較旺，在午宮時，廉貞會稍旺一點。

廉相同宮的意義是：不必用太多大腦就能平順享福了。但仍會理財，和打理身旁的破爛事情。**容易企劃和創意差，但能做事務性**的工作。因對宮是破軍，**故常為破爛的環境收拾殘局，或做改革後**的修復、整理的工作。**雖然工作和手工都不精細，但好歹也是有一**點做一點，慢慢在復元之中。

廉相同宮，在財帛宮，代表處理錢財的方式會勞碌、呆呆的理財方式，用腦不多的理財方式，但會平順，能享衣食上的財福。

在官祿宮，代表工作上不需花太多腦筋，但會理財，或料理事情，處理雜亂的事務，化繁為簡，雖仍處理方式粗糙，但好歹是處理完成了。因此也不會做太大的事業，但會賺一些錢，和存一些錢

紫、廉、武

▼紫、廉、武

財。

在夫妻宮，表示配偶不聰明，但會幫忙你打理善後，也會幫你理財、儲蓄，夫妻和諧，是平凡的夫妻。

在遷移宮，是你周圍環境中多溫和又智慧不高的人，但他們會幫你打理事情，對你有益，會為你帶來享福的生活。你比較凶，會指使周圍的人為你工作。

在福德宮，表示你愛享受、享福，會享一些看起來普通，只是吃穿、居住、行走時，一些生活上的享受之福。同時也表示你的聰明度不高，又稍為有些懶惰，但運氣仍會使你勞碌。

在兄弟宮，代表兄弟相處和諧，會幫你的忙，但他們沒你聰明。

在僕役宮，朋友會對你好，幫你做很多事，會帶財給你，他們

也沒你聰明。

在子女宮，子女乖巧，會幫家中做事，對你孝順，外表忠厚，老實。

在疾厄宮，代表有糖尿病、貧血，有地中海性貧血，腎臟、膀胱不好、淋巴腺、內分泌上易出問題，消化系統不良症，腰足之災，皮膚病，面皮黃腫等問題。

在田宅宮，有房地產或祖產，但房地產或祖產為較舊，或表面普通平凡，但常需整理，有小瑕疵的房子。你家中的人，會溫和、但智慧不高，會存錢，用傻傻的方法存錢。家中也會打理整齊，是不算太漂亮，但會清潔、整齊的樣子。你的財庫也較穩當，存得住錢。

廉相同宮，在事方面，是傻傻的做，就能平順之事，不需用

紫、廉、武

太多頭腦、計謀，就能做好之事。同時也是享福多，帶點懶惰意味之事。更是笨笨的、不會表現之事，或愛表現，但會出錯之事。亦代表用粗糙不好的手法處理善後之事，以及用笨方法來賺錢之事。亦代表營謀、思慮不多，卻用福運硬闖之事。還代表能力不好，卻用送禮或關說的力量來達成之事。亦代表在窮困中理財、復建之事，以及軍警單位理財、救難、重建之事。

廉相在物方面，代表電動噴水池、受調節之水庫、湖泊、小溪。受污之文件，有問題之支票，沾有印泥之印鑑、電器或電腦零件組裝廠，運血車、血液輸送管。稍用一些電力的輸送帶。計算機、收銀機、支票機。文件輸送設施，法院公文。廉價食品，廉價衣物，用具。也代表易漏電但還不致於有火災的電器用品。

廉相在人方面，代表小會計人員，責任不重的服務人員，法院之法警、協調處之調停人員，做衣食類之貿易人員，工廠主管出納之人員，責任輕之偵察人員，醫院護理人員及事務人員，以及智商不足，但還能料理自己起居生活的人。

廉相在地的方面，代表小的飲食店，小服飾店，自助餐店，混濁的小溪。雜亂的河流旁。摸摸茶店。小的有色情的茶室。西瓜園、水梨園、水耕植物園。荒涼雜亂的沙灘或河流旁，易泛濫的小河溪。水旁的小廟。破舊較窮，可蔽風雨的房舍等。

廉相所代表的建築物是，外表破舊，但仍堪使用的房舍。或略感雜亂，而內在收拾尚清潔的房舍。外表不高，較橫寬、粗壯、粗線條裝潢之房子或樓舍。或是外表黑暗略帶紅色的建築。古老但仍能使用之建築，但有鄉村或原始氣息之佈置的房舍。

當廉相有羊、陀、火、鈴、化忌、劫空同宮時，則人、事、物、地、建築之特質也會稍有改變，或變得古怪、醜陋，有問題。

廉相入命宮

當廉相入命宮時，其人身材較瘦，或瘦小，幼年家窮或多是非，家中有問題。其人外表溫和、穩重，長想老實。愛用腦子想計謀、企劃，但不一定是好主意、好計謀，常會是一些應付了事的粗糙想法。其人先天性觀念上，就覺得做事不一定要很完美，能讓別人或對方不吵了就好了。所以做事常讓別人有粗糙、不細緻的感覺。也常受人挑剔，但他會有自己的看法和解讀方式，並不會太理會別人的意見，是依然我行我素的人。

廉相坐命的人，是自以為有很多計謀、智慧不低的人。外表忠厚老實，也常讓人信賴，易託負重任，但事情的成果只是馬馬虎

虎，剛好能過得去的狀況。在做事上也會常有驚險度過危機的狀況。這就是他們腦中所認定的價值觀和常人不同的結果。

廉相坐命者之財帛宮是紫府，官祿宮是武曲居廟，因此具有政治性的敏銳感，會利用政治手腕去從事業上賺到豐厚的財祿。**因為遷移宮是破軍的關係**，他也會利用混亂或鬥爭，或是混水摸魚的方式，從中得利。更會利用幫人收拾殘局，料理後面的事情，而從中賺更多的錢財。

廉相坐命的人，本身是馬虎、粗糙的人，但會理財，理的是大財，並不是一分一毫計帳的小財。廉相坐命者也有『武貪格』暴發運，在夫、官二宮形成，故事業上就能暴發財運，得大財而富貴。

廉相坐命者，大多有『妻管嚴』的現象，懦弱怕妻，從八字上就可看出來。常也愛說謊話，言語不實，規避責任，表面老實剛

紫、廉、武

▽紫、廉、武

直，但內心有小奸小詐。如再有羊、陀、火、鈴同宮時，奸詐更甚。有擎羊同宮時為『刑囚夾印』之格局，會更懦弱，受人欺負，也陰險無用。沒有中心思想，無主見，做牆頭草，凡事也無法自己做主，是一個糊塗、無腦的人。**流年、流月逢至『廉相羊』之格局**，易被欺負，有官非、傷災、被強暴、血光之災，遭災嚴重。**凡家中有廉相坐命的人誕生**，家中有是非爭鬥、家窮、或父母離異，家族或家庭沒落，需要整頓，重建，奮發，『命、財、官』刑剋少的人能達成任務，重建及光耀門楣。

廉相的形式

廉相、祿存

廉相、祿存同宮時，**入命宮時**，其人外表會保守、怯懦、更乖巧、膽小、孤寒小氣、自私。祿存會把天相的福氣和財福變小，實際上是略帶刑剋福份色彩的命格。因此在生活上其人會吝嗇、自私、較勞碌，又只享到一點點的衣食享受。愛存錢，是個守財奴，對別人防得嚴，對別人也很剋刻。此命格的人會有專業能力，來賺錢，性格十分古怪。**癸年生的人，命坐子宮**，對宮有破軍化祿相照，會愛貪不該貪的東西，愛找錢來花，會揹債。無暴發運，生活不平順。

紫、廉、武

命坐午宮時，丁年生的人，財官雙美，但人生格局也不大。**己年生的人**，官祿宮有武曲化祿，能賺很多錢，但夫妻宮有貪狼化權，是更加懦弱怕妻的人，有強悍之妻或配偶。同時也是六親無靠之人，身體狀況差。

廉相、祿存在財、官二位，都代表勞碌、享福不多，能有衣食溫飽之財，但格局不大，財也不多，一生吝嗇，也沒有太好的日子可過，事業和財富的形態都是保守，較少、較小的。

廉相、擎羊同宮

廉相、擎羊同宮或相照時，是『刑囚夾印』之格局，無論在那一宮，都是懦弱、怕事，易遭欺負，有官非、傷災、遭受損失的命運。而且易被人控制，不能反抗。凡此格局在『命、財、官、夫、

遷、福』等宮的人，會一生無用，無大發展，事業無成就，只是苟延殘喘，忍辱偷生，一生擔驚受怕的過日子而已。此格局如在命、財、官、夫、遷、福等宮的人，也會心思巧計多，多煩惱，但巧計不成反遭害。同時也是陰險有餘，小心翼翼，但智慧技倆粗糙、不足的人，會暴露出來，落人口實，反遭更深之災害。故此人只能老實的過日子還有活路。此命格的人，命中財稍多一點的人，也會有身體上傷殘的問題。**如果是『刑囚夾印』又帶化忌的格局**，倘若坐午宮有『廉貞化忌、天相、擎羊』同宮，必有傷殘，且常需開刀，一生在血光、傷剋中過日子。也易有頭腦不清、智慧低落。或有精神或智商上的問題。

廉相、擎羊是『刑官』與『刑福』雙重刑剋色彩的形式，故只要在命盤上出現，則必有事業起伏，享不到福的問題，一生多災難，也要小心車禍受傷致命，錢財遭劫、損失，還帶有官非，容易被告上法院，官司打不贏，女子在流年、流月逢到此格時，要小心被強暴之災害。

廉相、火星或廉相、鈴星同宮

當廉相、火星或廉相、鈴星同宮時，會有古怪的聰明，脾氣壞，其實不是真聰明，在較邪佞之事上來耍聰明，也易與不法之事有關。火、鈴遇廉貞，會更爭鬥火爆，會『刑官』。火、鈴遇天相，會『刑福』、『刑財』、『刑印』，故會工作不長久，或不工作，勞碌、奔忙，但財少，享不到福。也會因喜歡時髦的東西，或因突發奇想而耗財。如在財、官二宮，易窮困無錢，或工作不長，不想掌權，做事會更粗糙、做不好，是勞碌又無福可享的形式。

廉相、天空或廉相、地劫同宮

廉相、天空或廉相、地劫同宮時，**如在命宮**，其夫妻宮就會有另一個地劫或天空和貪狼同宮。**如在財帛官**，其遷移宮就會有另一個地劫或天空和貪狼同宮。**如在官祿宮**，其福德宮就會有另一個地劫或天空和貪狼同宮。因此你會發現當廉相和空、劫同宮時，是『官空』、『福空』、『印空』或『劫官』、『劫福』、『劫印』等格局時，同時也會有另一個劫、空和貪狼同宮的形式，這也是『劫運』或『運空』的形式。因此當其人腦袋空空，不實際，或有奇怪想法，會劫官、劫福，智慧較差、工作不實際。不長久時，同時也是其人內心根本不貪，也不想有好運之時。事情就很明顯了，是他自己偷懶，因此腦中全想的是投機取巧的事，或不想努力，不想付出勞力，也不想得到什麼所造成之無福、無事業，以及無法掌權、管事的狀況，因為不想管之故了。

廉貞化祿、天相同宮

廉貞化祿、天相同宮時，其人會油滑，桃花多，口才好，好講甜言蜜語，為人不實在。也會因貪戀色情、淫色之事，好談戀愛，異性緣太多，而事業運不佳。也易家庭不幸福，婚姻有問題。無論『廉貞化祿、天相』在命、財、官、夫、遷、福等宮出現，其人都會有特殊癖好，桃花重或喜愛享受戀愛、蒐集物品的樂趣。是享福多一點，但努力發奮不夠的人。

廉貞化忌、天相同宮

當廉貞化忌、天相同宮時，是丙年生的人，一定有擎羊同宮，

或在對宮相照，因此**都是『刑囚夾印』又帶化忌的格局**，易有傷殘現象，眼目不佳，多傷災，易開刀，或有精神疾病。在命、財、官、遷、福等宮，其人頭腦不清，智慧低落，思想古怪，好與人有衝突，易胡鬧，情緒不穩定，時好時壞，但會有人來照顧他，有父母或兄弟會照顧他。一生雖無用，不能做什麼事，但能享別人照顧之福。

第三節　廉殺的形式

廉貞、七殺同宮，是兩顆煞星同宮並坐的形式，會在丑宮或未宮出現，同時也是『紫微在卯』或『紫微在酉』兩個命盤格式會出現的星曜。且不論在丑宮或在未宮，都是廉貞居平、七殺居廟的旺度。

廉殺同宮的意義：表示智慧不高、用腦不多、企劃能力不好、智謀不多，但能用努力拼命，及流血、流汗和時間上的長期消耗，做消耗戰而能成功。廉殺同宮，是智慧不高，又要爭財的形式，故會用蠻力死拚，有一定的凶悍勁。廉殺有孤剋性質，不是自己身體不好，就是家庭有問題而孤獨。

廉殺同宮，在人方面，代表軍人、警察、赴湯蹈火的情治人員、特工人員，正在前線沙場的將士、蠻幹又殺氣騰騰的人、電工人員、電力公司工程人員，黑道小弟、殺手、打架滋事者，酒醉鬧事之人、恐怖份子、救難人員、處理暴力血光之人員，也為生意人，但是事業不大卻奔波勞碌的生意人，地位不高的政治人物，凶悍無知識之妓女、低層社會勞碌、衣食不溫飽之人、窮困凶惡之人、慳吝之人。

在事方面，代表軍務，嚴格的訓練與管理，警察防務與工作，特務工作、偵防工作、恐怖及要流血之事務，救難、救災之工作，電廠工作，與電有關的工程、爭鬥激烈的事務、政治性事務，創業辛苦但不一定會成功的事、黑道血拚之事。

在地方面，代表破舊的大樓、雜亂或人員複雜的公共場所、殘破危險之房舍、雜亂凶險之山崗、危樓及危塔、破舊殘壞之廟宇、不毛之地、亂石多、種植不出植物或糧食貧脊之地、旱地、受污染或火燒無用之地。

在建築方面，是殘破之大樓，或不堪使用，又有凶惡流民所霸佔之房舍。內有鼠蟲為患的房舍。無人使用棄置之房舍或寺廟。或是外觀有髒舊金屬或玻璃的樓宇房舍。或遭火燒變形之房舍。或是外觀是矮而不高、孤寒、孤獨殘破的小樓。或是外觀略帶暗紅色玻璃或石塊多的不起眼的小矮樓。鐵皮屋、窮湊合能住的房舍。

在疾病方面，代表肺部上火，暴怒傷肝之疾，肺癆病、大腸不順暢，有腫瘤，下半身有寒涼、陽痿、腎虧、皮膚病、氣管不好、氣喘，身上有膿瘍之傷，血液有問題、有雜質、貧血、及血光之傷。身體有先天性之疾病、性病、有暗疾。有心臟病、心臟血管、血液方面之疾病，有傷殘現象。

廉殺入命宮

當廉殺入命宮時，在丑宮的人個子不高、瘦型，在未宮的人較高瘦。性格保守、話不多、肯吃苦耐勞，性格慳吝、小氣，對自己

對別人都極為節儉。平常話不多，較內斂安靜。命宮有昌曲或左右同宮或相照的人，話多，也較會說話。普通廉殺坐命的人，性剛直，常說話不好聽，但會講老實話。只有命格中有煞星或刑剋多的人，才易不講老實話，較陰險虛浮。

廉殺坐命的人，是一生辛苦，必須付出極多勞力才能得財。但廉殺坐命者，家中多少都有積蓄，即使家中再窮的人，都會隱藏著一些田地，或不顯眼能值一點錢的東西。某些廉殺坐命者，家產還不少，這是其祖先或父母辛勤所積蓄的財產。廉殺坐命者能勤儉持家，把財產顧好，雖不能發揚光大，但守成有餘。其人的財帛宮是紫貪，在錢財上永遠有好運。官祿宮是武破，表示在工作、事業上賺錢少，最適合做軍警業，不能做生意，否則會愈做愈窮、破耗大。一般廉殺坐命者，多半做公務員或薪水族，也不喜歡投資做生

意。會自己喜做生意的人，多半是命格有瑕疵，頭腦不清的人，因此會起起伏伏，工作也不長久，且存不到錢。

廉殺坐命，命格中有『陽梁昌祿』格的人，能具有高學歷，做律師、法官也很適合，這是具有刀筆刑訟而主貴的命格。

廉殺坐命者，最怕是丁、己、癸年生的人，或甲、庚年生的人，會有擎羊及陀羅在命宮，或遷移宮來相照命宮，而形成『廉殺羊』或『廉殺陀』的格局，身體會有問題，易殘傷，或因交通事故而喪命，這是『路上埋屍』格，必須要精算流年、流月、流日、流時以防災。當大運、流年、流月三重逢合時，要小心有性命之憂，因交通意外而喪命。

廉殺的形式

廉殺、文昌、文曲四星同宮時，在丑宮，昌、曲皆居廟位，在未宮，文昌居平、文曲居旺。表示其人外表還斯文、美麗、口才好，在丑宮，較美麗多一些。性格溫和，但是桃花格局，會早婚，或愛享福，不太發奮。也容易以桃花關係靠人過日子，而自己不工作。凡有此命格者，皆易有心臟方面之疾病，易心臟開刀。此人會對錢財精明，但做事能力不強，智慧方面也不高。

廉殺、左輔、右弼同宮

廉殺、左輔、右弼同宮時，其人會更勞碌，也會更懶惰，頭腦會不好，瞎忙碌。本身身體不好，易有腎臟病、膀胱之疾病，或下半身寒涼，生育有困難，此人會頭腦不清、糊塗，心情常起伏混亂，也易旁邊常有人來愈幫愈忙，反而使其不工作，成事不足，敗事有餘。

廉殺、擎羊同宮

廉殺、擎羊同宮時，是『刑官』及『刑殺』格局，其人身體會不好，易有傷殘現象，或有先天性疾病，腎病、心臟病等，也會有血液方面的毛病。其人一生多病、難養。但其人競爭心強，好爭、好鬥，幼年時功課會好一點，能自動自發唸書。若有『陽梁昌祿』格的人，也能具有高學歷，名列前茅。要看事業型態來看主貴的層次。**做文職的人**，讀書雖優，但工作能力未必強，又好爭好鬥，事業會有起伏，也常會有爭不過的煩惱。一生憂煩多，心機多，內心

不平靜，更直接刑剋到身體，一生也不會好命、好運了。**做武職的人**，易因公殉職，有死後光榮。凡此命格的人，因本命即是『路上埋屍』格，易因交通意外喪生，生年不長。要小心算出流年、流月、流日、流時，以防災禍發生。

當『廉殺羊』在財、官、遷等宮時，為窮困格局，會不工作，錢財不順，其人智慧也不高，專想一些投機取巧、陰險愚笨之事，其人發奮力也不強，做事推拖、不實際。

廉殺、陀羅同宮

廉殺、陀羅同宮時，是『刑官』及『刑殺』格局，其人常遭傷災，身體有痼疾，易傷殘、牙齒、手足、頭面有傷。其人頭腦笨，心中多是非，又愛想，常想一些不實際，憑添是非口舌的問題，在

紫、廉、武

工作上又用腦不多了，會蠻幹，不努力，做事愚蠢。此命格的人，也要小心交通事故而喪生，亦是『路上埋屍』格，其人外表會駝背、粗壯、樣子醜。以做武職為佳，無法做精細的工作。

廉殺、陀羅在財、官、遷等宮時，都主窮、笨、工作不力，會亂發脾氣、頑固，知道錯了還要硬幹，工作不常久，也易做粗重、不必用腦的工作。

廉殺、火星或廉殺、鈴星

廉殺、火星或廉殺、鈴星同宮時，火、鈴在丑宮居廟，在未宮居平。是脾氣壞，頭腦不算聰明，但又有奇怪的想法和奇怪的聰明。其人性格古怪，愛時髦物品，與黑道有關，性格凶、急躁，不能冷靜，有暴力傾向，也易生躁鬱症。會不工作，或工作不長久。

在遷移宮，代表環境惡劣，多爭鬥、有傷災，也代表有黑道背景的環境。**在財帛宮和官祿宮**，都代表財少，常有一票、沒一票的賺，但常不工作或工作不長久。同時也代表和黑道有關的錢財和工作。

廉殺、天空或廉殺、地劫

廉殺、天空或廉殺、地劫同宮時，其三合宮位中必有另一個地劫或天空和紫貪同宮。倘若此格局是在命宮，本命是『官空、殺空』或『劫官』、『劫殺』的形式，而財帛宮是『官空、運空』或『劫官、劫運』的形式。其人容易頭腦不實際，打拚不力，或打拚一些無用之事，而使手中的錢財成空或被劫走，因此其人的財運也會成空。此人易和宗教接近，入空門，或修道。這是命中財少的格局。**如果此格局在財帛宮**，其官祿宮就是紫貪加劫空，也易入宗

紫、廉、武

教，四大皆空，沒有工作能力，或不工作，賺不到錢。**如果在官祿宮**，也易不工作或做不久，也易進入宗教。

廉貞化忌、七殺同宮

廉貞化忌、七殺同宮時，其人頭腦糊塗，身體易不好，有血液問題，或易有傷災、開刀問題，也易因災而亡，不善終。其人一生沒有成就，也會有精神問題，未必能工作。

廉貞化祿、七殺同宮

在丑宮時，有陀羅同宮，表示其人是頭腦有些笨，但有人緣桃花，表面看起來不太笨，也會有情色桃花，多是非的人。其人也易不工作，或靠色情維生。**在未宮時**，因遷移宮有天府、陀羅，故環境不富裕，其人易有桃花，或靠桃花維生。有此格局者，易做色情行業，也愛蒐集物品。

第四節　廉破的形式

廉貞、破軍同宮時，是廉貞居平、破軍居陷，會在卯宮或酉宮出現。也會在『紫微在巳』或『紫微在亥』兩個命盤格式中出現。

廉破同宮的意義是：智慧薄弱、企劃能力不好、言行出軌、不照常理出牌，會大膽、沒有禮儀、破破爛爛、窮困、知識水準不高、有邪淫之爛桃花。廉貞是官星居平，破軍是耗星，破軍居陷，因此破耗凶，定在事業上有破耗，人生起伏大，一生中定有多次破

紫、廉、武

耗，損失慘重，也會有多次人生至最低點的時候。一生也容易待在複雜、爭鬥多或窮困、破爛的環境之中。

廉破本身沒有財，是靠胡混，亂七八糟的打拚，東混西混，也能活命，**這是生存條件極低的狀況**。但在胡亂打拚中，也能打出一條血路出來，而為自己造就生機。

廉破有孤剋、毀滅的性質。但也能從滅絕中再冒出頭來，再有生機。但是一定要破了、毀滅了以後再好、再重新活過來。因此當此雙星入命時，其人身體一定破破爛爛，幼時也不好養，一生中也有多次危難或病災，幾乎喪失生命，但會奇蹟似的活過來。或事業失敗，經過努力，又再爬起來。

廉破同宮時，在人的方面，代表軍警人員、特種部隊、情治間諜人員、特工隊、敢死隊、爆破部隊或人員、恐怖組織的人、政

治爭鬥的人，無賴漢、流浪漢、流氓、黑道兄弟、殺手、破壞力強的人、爆破山洞的人，拆除建築的工程人員，和災難、血光有關的救難人員、監獄執行死刑的執法人員。防爆人員、拆除炸彈的人員、架設與拆除電力設備之人員。

在事的方面，代表軍警任務、特務偵防工作、恐怖行動、流血傷災之事、車禍、救難工作、拆除危險物品之工作。爭鬥激烈的事情，黑道血拚的事務。政治鬥爭、窮困、邪惡、丟臉、不高級的事務、血腥的事務。損壞後也難以復元之事務。髒亂不堪的事務、文化低落又窮困的事務。翻臉無情、不講道義的事務。

在地的方面，代表破爛不堪的頹倒之房舍，龍蛇雜處的不高級的公共場所，風化區、貧民窟、破廟、髒亂之地、不毛之地、亂葬崗、髒亂的水道、雜亂的菜市場、屠宰場，堆積破爛的資源回收

紫、廉、武

場、垃圾場、破敗的碉堡、廢棄的兵工營或軍營、殘破工廠、破舊殘留之古蹟、有化學物品污染變紅的小河流。

在建築方面，代表殘破不堪使用之矮樓或房舍，流浪漢所住之廢棄建築、不高的破廟、樑柱毀壞或遭蟲蛀之頹倒房舍樓舍、水火浸蝕之房舍、外表矮不太高之破舊的小樓、鐵皮屋、菜市場大樓、屠宰業之大樓、臨時搭蓋之簡陋房舍。或是外觀是暗舊、黑黯帶黑紅、不起眼的屋宇樓舍。

在疾病方面，代表肺部上火、上火下寒、血液方面的毛病，腎虧、貧血、血崩、暗疾、腿疾、傷災、血光、開刀、內分泌失調、淋巴腺的問題，經水失調、婦女病、肺部及氣管方面、呼吸道的毛病，氣喘、腦震盪、長瘡、瘰癧、濕毒、爛嘴角、牙病、手足傷殘，古怪的病，癌症、性無能等等。

在物的方面，代表廢五金、廢電器用品、廢電視、舊電腦或有瑕疵的電器、電腦用品。彈藥、槍枝、大炮。腐爛的水果。醫療廢棄物、臭的腐爛之物、垃圾。古怪可怕的鬼火。

廉破入命宮

當廉破入命宮時，因廉貞五行屬火、破軍屬水，廉貞居平、破軍又居陷，本來就是水火相剋，雙星又都在平陷之位，又都是煞星，故一生波濤起伏、災多連連，不平靜。坐命卯宮的人，因卯宮是五行屬木的宮位，其中廉貞星稍旺。坐命酉宮的人，酉宮屬金，金能生水，故破軍稍旺。因此其特性就顯現出來了。廉破坐命酉宮的人，是比坐命卯宮的人身材為較高一些的。而且破軍的性格較強，更打拚、更大膽，敢破除萬難去爭，也常突破社會體制，會做

一些驚人之舉。**廉破坐命者是一個終身都在改革變化、摧毀舊東西、舊體制的人**，本命如此，很難停得下來，因此常憤世嫉俗，不喜與一般人苟同。

廉破坐命者外表長相顴骨高、身體骨格堅硬、嘴橫且大、輪廓深、明眉大目、粗眉、有西方式稍為誇張極具個性的酷感。廉破坐命者，通常長相醜又凶，但有文昌、文曲在命宮或遷移宮時有西洋美之美感，會較斯文，但會是窮命。

廉破坐命者，為人堅強、能吃苦，是白手起家，必會破祖離鄉才有發展的人。因為此命格的人，定是家中窮，或是家族及家庭敗落、解散、破碎，或父母亡故。幼年坎坷，從小在困苦中長大，不得不離鄉或白手起家。

廉破坐命者，平常較靜，不太喜歡說話，但口才不錯，一講話

就會得罪人，說話較狂妄、自大，也易衝動，容易被人刺激就衝動，有時也會被人利用。但他們亦是多心思、多懷疑及多陰險計謀的人，平常很陰沈，也從不相信別人，常疑神疑鬼，故而平常也不是那麼聽信別人的話，只是怕受到刺激和挑撥而已。

廉破坐命者，財帛宮是紫殺、官祿宮是武貪，有暴發運，三十歲以後暴發，人生是大起大落的形式。但其遷移宮是天相陷落，一生多是非、多不好的境地，因此一生有多次危難險困的境遇，有時也能奇蹟式的復活或否極泰來。不過他們的暴發運是十二年才一次大好運程的暴發運，等待的時間十分長久。其人適合做爭鬥性的行業，如軍警業、政治方面的工作，不適合做生意，必會有敗局。因為他們會野心太大，不斷擴張事業，膨脹信用，貸款借錢，理財能力又不好，再加上橫發的時間不長，十二個地支年好的時間帶財的時間又不多，故易橫發橫破，一敗塗地。他們又常強硬、衝動、固執，當破產時，也是生命結束之時，會自殺結束生命。

廉破坐命者，心情常低落，或沒有安全感，易有憂鬱症，或因情緒關係，自覺有病，做文職的人，較易有此傾向，在工作上也不太容易有發展。做與血光有關的工作、醫療工作倒是好的，或許可延年。廉破坐命者的身體是外表強硬，看起來很強壯、健康，但其實是破破爛爛的身體，會破相，有破相者也能延壽，或較平安一些。否則多傷災及開刀事件，更損精血。也易有不孕症、腎虧、眼目有問題、性無能等，這也算是一種傷殘現象。而且壽命多不長。

凡家中出生了廉破坐命的人，就展現了一個警訊，會家窮、家庭爭鬥多、父母離婚、破碎不全，或父母不全，或家庭遭逢災難，此人就是在災難多時出生的。因此一生要靠自己奮發，靠不了別

人。幼年的生活環境也十分辛苦，會過一段窮困的日子。但他們能吃苦耐勞、衝破難關。其人的遷移宮是天相陷落，表示一直是在一個無福可享、紛爭多、勞碌不停、不平靜也不平順的環境中生活，朋友之間也多是非爭執，因此他們是來不停改革、不停改善周圍狀況的人。他們會用奇怪的、不合常理狀態的、凶猛、剛烈的方法來料理身旁的紛爭和破爛環境，手法尖銳、粗糙，有時甚至是陰險、火拚型的手段，以不怕死，先摧毀一切的方式來嚇阻造事者，用『置之死地而後生』的方法，往往也能解決紛爭和解決破爛環境。

廉破坐命者，命、遷二宮有擎羊或祿存進入，就會懦弱、保守，也不會用前式方法來謀生了，會委曲求全以生。

廉破坐命者，有桃花，是爛桃花，常有不倫的感情，或有不倫的性關係，因為其人性格上就是叛經離道之人，根本無視於社會道

紫、廉、武

德規範。如果命中桃花少的人，反而能正直守身、有成就。爛桃花多的人，只是一無賴及苟且偷生混日子的人而已。

廉破坐命者，命、財、官、夫、遷、福等宮中煞星多的人，以及命、財二宮，有空劫入宮的人，易與宗教結緣，會入空門，但本身也是多謀善弄權術者，很容易做寺廟或教會主持。命宮有文曲同宮或相照者，是窮命，但口才好、油滑不實，會騙人、騙死人不償命，也易搞出很多是非出來，即使在宗教界中，也是虛晃招搖之人，假借宗教之名來騙人。

廉破坐命者，一生必有一破、二破、三破，出生時即是一破，其後人生中也有多次破產，或身體的破（受傷或大病），因此一生起伏大、不順遂，十分辛苦。其人命格較難形成『陽梁昌祿』格，如果有折射之『陽梁昌祿』格，也能有高學歷和主貴的人生，不過這種機會較少，是故目前我們在政治檯面上所看到之廉破坐命的人，都是鳳毛麟角很厲害、又命中財稍多的人了。但他們在運程上有先天性的瑕疵，十二地支年中有一半都是弱運和破運，剩下流年的年份中有些也不帶財。因此廉破坐命者想賺錢較困難，若把工作做好，來主貴反倒是容易的多，主貴以後也會有財進了。

廉破的形式

廉破、文昌或廉破、文曲同宮

廉破、文昌或廉破、文曲同宮時，是窮的格局。尤其在命、財、官、遷等宮出現，主其人會窮困。在夫、福二宮出現，主其人內心窮和本命窮。

紫、廉、武

當廉破、文昌同宮時，三合宮位有紫殺、文曲，**當廉破、文昌在酉宮為命宮時**，表示其人外表斯文，有氣質，凡事有自己的思想和價值觀，喜歡高尚、有氣質、文質的事物和東西，因此有些品味不高的事和物，你不會想做，也不會想要，有寧缺勿濫的性格，故會是窮命。在賺錢或工作上仍有好運，但會財來財去，花錢也會花得高貴、大方、捨得，易入不敷出，故常在窮困之中。你也易用口才或才藝來賺錢。本人仍很精明、計算能力好。**在卯宮**，文昌居平，你仍有文質氣息，但計算能力稍差，也會用口才和才藝來賺錢，財的規模較小，本身也是窮命，不易聚財。

廉破、文曲同宮時，會口才好、油滑、不實際，本命也是窮的格局，會做和文職有關的工作。**命坐酉宮時**，其人在花錢、賺錢方面更講究，喜賺高尚、費力不多的錢財，也有理財能力。**在卯宮**

時，本命財更少，做普通的文職工作賺錢，不算賣力，也不聚財。

廉破、文昌或廉破、文曲無論在那一宮出現，都是窮又不實際的格局，當文昌、文曲居旺時，會在某些小的方面有點聰明，但在大事上會不聰明或有古怪想法，有些錢你不想賺，這是價值觀和常人不一樣的關係，因此會造成其窮困。

廉破、左輔或廉破、右弼同宮

廉破、左輔同宮時，其三合宮位必有紫殺、右弼。廉破、右弼同宮時，其三合宮位必有紫殺、左輔。

當廉破、左輔為命宮時，表示其本人有一種天生使其又破又笨、爭鬥又多的思想，但會在錢財上有人幫忙使其忙碌打拚、又賺錢辛苦、耗財多，專買貴又不實際的東西，因此其人會做一些較不

紫、廉、武

▼紫、廉、武

高級、是非多的工作，如色情行業、黑道或勞力型的粗活，易在低層社會中生存，來往的都是層次低、文化低落、生活辛苦的人，一生勞碌不停。你會具有合作精神，會和破破爛爛的環境妥協。因此你的腦子中也常有不好的想法，做不好的事，更會結交不法之徒，而導致你在錢財方面一面賺一面花錢耗財，花的比賺的多。幫你有這種不好的思想的是平輩男性。使你忙碌、打拚、不聚財，又存不住錢、愛花大錢的是平輩女性。

當廉破、右弼為命宮時，也如上述狀況一樣，會生存在不好的環境之中，賺錢花錢都多一些，但是辛苦勞碌、粗俗、低下，一生中好的事不多，壞事連連，也無法過幸福日子。並且你是小氣又霸道、不講理的人。幫助你好事不多，易有奇怪思想，一生不平靜的是平輩女性。但也會在賺錢、花錢上幫忙你忙碌打拚不停，存不住錢的，是男性平輩之人。

當廉破、左輔或廉破、右弼在財帛宮時，在錢財上易窮，在事業上勞碌，但仍賺不到什麼錢，也留不住。**在官祿宮時**，是事業上更破耗、更爭鬥凶，做邪佞之事，或與不法有關及黑道有關的事，有人幫忙做，幫忙的是平輩之人。做正當的事，則愈幫愈破，做不成，或不工作，或做與髒亂、血腥、屠宰業有關的事，會有人幫忙。**在六親宮時**，與家人不和、緣薄多紛爭、相互侵擾、六親不認、幫忙做壞事有人幫，幫忙變好運的事，沒人幫，還會踩上一腳，使其更壞。此格局，就是更增加破壞力，使其更破爛的意思。

廉破、祿存同宮

廉破、祿存同宮是乙年、辛年生的人所會遇到的。這是『祿逢沖破』的格局。會有一點衣食所需之財祿，但極少，是能生存之財，仍是不富裕、較窮困的。以在卯宮為更窮困，在酉宮則是稍好一點的窮困。當此形式在命、財、官、夫、遷、福等宮時，其人都會極吝嗇小氣、更保守、更自私，內心有不好的想法，把別人想得很壞，自己的能力又不佳，容易六親無靠，自己守著自己的窮困日子過生活，難有大發展。

廉破、擎羊同宮

廉破、擎羊同宮時，**甲年生的人**，命宮在卯，有廉貞化祿、破軍化權、擎羊同宮，對宮有天相陷落相照，是『刑印』格局。**庚年生的人，命宮在酉**，是『廉破羊』同宮，對宮也有天相陷落相照，也是『刑印』格局。會懦弱，掌不到權力，任人擺佈，一生多傷

災，命不長，身體不佳，易遭難而亡。內心也多陰險、好爭鬥，但外表溫和、懦弱。

在卯宮有廉貞化祿、破軍化權、擎羊入命時，其人是既好爭鬥、打拚，又好享受，有桃花情色事件傷身或傷害名譽，但真正遇事時，又會懦弱，一生也難成大器。亦會工作起伏或停頓，一生中容易遇災的情形也很多，會遇災而亡，不善終。廉破、擎羊無論在那一宮出現，在流年逢到，都要小心倒閉、破財，有大血光、開刀或車禍受傷，情況很嚴重，會有生命危險，容易破爛而死。

廉破、火星或廉破、鈴星同宮

廉破、火星或廉破、鈴星同宮時，是一衝動、一火爆，就遭災、破耗、有血光的意思。此格式代表爭鬥、衝突、黑道火拚，是

▼紫、廉、武

突發性的、不理智的，也是沒知識、沒文化的，凶狠不講理的狀況。此狀況會來得快、去得快。有鈴星和廉破同宮時，會比有火星同宮時，更聰明古怪。代表此人有不好的、陰險的想法是一下子突然而起的古怪、又自以為聰明的邪惡念頭。當此形式在命宮、夫妻宮時，以及在財、官、遷、福等宮出現，其人都會在心中常出現一剎那而起的邪惡念頭，但對應的事情不一樣而已。而當此形式在命、夫、福三宮時，突起的邪惡念頭留在腦子裡、心裡為最根深蒂固，常顯現，而無法掩飾。**當此形式在遷移宮時**，表示環境中常有邪惡、突發災難事件，是和黑道有關的環境，也多車禍、傷災，常會突然發生，一破耗或有血光受傷流血（這也是破耗）之後，事情就完了。因此其人也常在受傷與窮困之中，運氣到最低點，僥倖不死的話，又活過來了。**在財帛宮時**，手邊常沒錢，偶而有一票、沒

一票的賺，會賺不法和黑道有關的錢。**在官祿宮**，也是會做與不法和賺與黑道有關的錢財與工作，也易不工作，或突然有一票的工作。工作不長久。但此形式在命盤中，也易不善終。

廉破、天空或廉破、地劫同宮

廉破、天空或廉破、地劫同宮時，是破爛成空的意思。當此形式在命宮時，其官祿宮就會有另一個地劫或天空和武貪同宮，表示其頭腦空空不實際，專想灰色、不好、放棄的想法，因此事業上的好運、財運也會成空。此形式在命宮時，易入宗教安身，不工作，或做宗教團體中之工作。此形式在財帛宮時，其人命宮就是武貪加天空、或加地劫，其人也沒有暴發運，在錢財上破的空，常莫名其妙的花錢、耗財，直到成空為止。也會頭腦不實際，不一定工作，

▼紫、廉、武

或工作不長久。**若在官祿宮時**，表示工作愈做愈破耗成空，不工作還好，愈做愈慘。宜做宗教性的工作，則無妨。

凡有廉破、天空或廉破、地劫的形式在命盤上時，是寅、辰、申、戌時所生的人，同時命盤上三合宮位也會有武貪和另一個地劫或天空同宮，故無暴發運、偏財運。也要小心卯年或酉年破耗成空及不長命的問題。

廉貞化忌、破軍同宮

當廉貞化忌、破軍同宮時，是有是非爭鬥，有官司纏身，破耗很凶，或是有糾紛型的血光受傷，還帶有官司打不清、打不完的狀況。皆是損失慘重，沒有利益可言，只有吃虧的份。當此形式在命宮時，其人頭腦不清，身體不好，有血液或血光的問題，常受傷遭災，宜放血治療，或有災時，略放一點血，能破除惡運或血光、官非的問題。

第五節　廉貪的形式

廉貪同宮時，是廉貞和貪狼皆居陷位的形式。雙星同宮會在巳宮或亥宮出現。也是『紫微在丑』或『紫微在未』兩個命盤格式中會出現的星曜。

廉貪同宮的意義：政治鬥爭的運氣為最低點，最爛運，會因人緣不佳、惹人厭，時間又不湊巧，而居於劣勢。

智慧不高，有小聰明，企劃能力不好，但會說風涼話，指責數

紫、廉、武

▼紫、廉、武

落別人，意見多又沒主見，頭腦做正事不行，做邪佞之事為第一流的，人緣不佳，又口快心直，處處惹人厭，運氣不好，常為最壞、最低落的運氣。廉貞是官星，居陷，事業就不好，為最低層次，也因為在事業上用腦不多，故會無成就。貪狼也居陷，一生的機會少，貪心也貪的不是地方。易貪酒、色、財、氣等腐蝕人心的東西，故也助長了人生的起伏，和不能向上發展的命程。

廉貪本不主財，又主運氣不好，智謀低，因此在命運中是靠忍耐、等待度過慘淡的時期。廉貪不論入命、財、官、遷的人，都是等待別人、等待時機，等待別人來搭救而脫離困境的人。故也都算是因人而貴，才有好日子過的人。本身想打拚、靠自己，都是心有餘而力不足的。某些人靠的好，就有富貴日子過，靠不好就在窮困、低下的環境過一生。

廉貪同宮時，在人的方面，代表軍警人員、政治鬥爭的人、運氣極差的人，文職沒有發展的人，懦弱的人，流浪漢、無賴漢、喜酒色財氣品行差的人，不負責任的人，好吃懶做，說的多、做的少的人，妓女、貧窮之人，乞丐、吃閒飯的人，僕役、聽使喚做些不重要工作的人，依靠別人生活的人。不實在、會行騙術的經紀人，包括仲介、保險、金融類的經紀人。好賭之人、強暴犯。

在事的方面，代表軍警機關的閒差事，不討人喜歡的工作或職位，沒有正式名銜的職位，例如秘書、助理、助手、或顧問閒差，無權也無名之職位。看人臉色吃飯、隨時會被撤職之職位，不高級之職位，沒有升遷機會之職位，無情無義、不講道德的事務、和酒色有關之淫亂事務，貪污之事務、貪贓枉法之事務。窮困無法發展之事務。倒閉、破財又遭災之事務，受騙及騙人之事務，非法吸金、詐騙之事。會犯法之賭局。

在地的方面，代表沒價值、不引人注目、破爛的不毛之地。龍蛇雜處、盜匪騙子、橫行的奸險之地。貧民窟、風化區、雜亂的市場。是非多的黃色酒店。有淫亂之事的廟宇、邪廟。有邪淫之事的公共場所或機關學校、賭場、賣淫之地。詐騙集團的賊窩、騙人不實的藝品店，樹木被雷電劈毀或燒過的樹林，被燒毀殘留的古蹟或房舍。

在建築方面，代表窮困破落、殘毀之樓宇，流浪漢所住之廢墟，進行淫色交易之大樓，火災過後不能使用之樓舍，貧窮無用之樓宇，外觀是紅帶綠、黑黯、不起眼、破舊寒酸又令人討厭之屋宇樓舍。

在疾病方面，代表因血液所引起之肝、膽、腎臟的毛病、血氣不通，或敗血、腳的毛病，烏腳症、性無能等毛病、性病、神經系統不良症、眼疾、牙病或嘴角潰爛、皮膚病、手足潰爛、長瘡、腹中疾病、腹中有寄生蟲等毛病。

廉貪入命宮

廉貪入命宮時，廉貪雙星俱陷落，坐命亥宮的人，身材較高、體型大。坐命巳宮的人，也是中高身材，會顴骨高、嘴大，女命潑辣、有野性、愛表現。男性較懦弱，但也好爭。廉貪坐命的人，多半口快、心直、人緣不好、又好爭、常意見多、愛幻想、不實際、講得多、做的少、沒主見、又愛有意見、喜表現，但又沒真才實學。有時也會搶著做些表面功夫之事，但多吃力又不討好，因為人緣不好之故。**廉貪坐命的人，機緣常不佳，也要看命中的財多、財**

紫、廉、武

少而定其人的能力和成就。也要看其人生長的家庭狀況是高、是低而定其人的禍福。不過廉貪坐命的人，常生長在父母不和，或是多是非口舌之家庭中，如果父母還有錢的話，還能有富裕的人生，只是從小不討人喜歡，少人照料，會和姐妹友好而已。但如果僕役宮的太陽居旺的話，仍能有朋友運。

廉貪坐命的人，幼年時代很乖巧，到青少年時期漸漸顯露出不聽父母的話，言行誇張或喜交壞朋友，且易受壞朋友影響，朝向酒、色、財、氣方面發展。倘若有『陽梁昌祿』格的人，還能讀書，有好的學歷，人生也有光明的一面。但命、財、官、遷有劫空入宮的人，易頭腦不實際，喜邪佞之事，人生中多有不順，也會懦弱無能，無大發展。命宮有文昌、文曲同宮的人，易言語不實、油滑，或頭腦不清、政事顛倒，是非不清，有邪淫桃花，影響人生的

發展，也會一生多起伏沈淪。財、官二宮有文昌、文曲同宮出現的人，易錢財窮困、賺不到或賺不多錢，有崇高理想，想得多，但未必會實現。

廉貪坐命的人，多半好酒、好色，人緣不太好、人見人厭、多是非，但喜邪淫桃花。倘若還有朋友對你好，那一定是親如兄弟的人，否則其人在給人的第一印象中都會受排斥。而且易在工作上受人排擠。

廉貪坐命者，**命格中有廉貞化祿、貪狼的人**，是靠邪淫桃花生活的人，易男女關係混亂，也易在風月場所生存。此命女子易為娼妓。此命的男子易吃軟飯靠人過日子。命宮中有廉貞、貪狼化權的人，是好管事，又不一定管得到，即使管到了，又不一定能做得好事的人。凡事好爭、好鬥，也會常敗下陣來，讓人嫌惡，易受攻

擊。

命宮中有『廉貪陀』，或命、遷二宮形成『廉貪陀』之『風流彩杖』格的人，其出生即易和邪淫桃花有關，出生不正，長大後也易有不正常之性關係。一生中也易受此不正常或不名譽之性關係所害。會發生事故、影響名譽、事業受損，成為奴僕之命格，受人使喚，是較無尊嚴的人。女子有此命格者也易受強暴，也易為娼妓、奴僕之命格。

廉貪坐命者，財帛宮為紫破，不會理財，耗財凶，花的是高級享受的錢財，但賺錢並不一定行，有的錢不愛賺，頭腦中是自命高尚、多說少做的人。但他們的**官祿宮是武殺，是『因財被劫』的格式**，工作是需要十分打拚、流血流汗才能賺到不多的錢財，是故其奮鬥力不足，易靠人接濟度日，父母、兄弟如果環境好，能照顧他，他在家中就很乖巧、體貼。其人的夫妻宮是天府，會找到對他好的配偶，但如果夫、官二宮有擎羊進入，此人便一生無用，也沒有好婚姻和好配偶來照顧他，也無工作能力了。

廉貪的形式

廉貪、祿存同宮

廉貪、祿存同宮時，是『祿逢沖破』的格局，祿存的財很少，是最壞最低的層次，有衣食剛可活命而已的財。在命格中，其人會保守、小氣、孤寒、膽小、懦弱、孤獨。**命坐亥宮時**，祿存是屬土的星，在亥宮，原本虛浮，又受貪狼木的刑剋，廉貞火也極弱，無法生財。故財少，只有活命之財而已。一生膽顫心驚的過日子，父

母、兄弟皆不和，無依靠。惟有結婚以後運才好一些。

命坐巳宮，丙年生的人，有廉貞化忌、貪狼、祿存同宮，其人頭腦不清，身體有問題，亦是父母、兄弟不和，一生難有出息，若能結婚，也能依靠配偶過日子。**坐命巳宮，戊年生的人，有廉貞、貪狼化祿、祿存在命宮**，此人會比前二者財多一些，但也不是大財，其人會油滑，但生存機會能多一些，也能略有積蓄，人緣也會好一些。但依舊保守、小氣、吝嗇，只是一般普通人之命格。

廉貪、祿存在財帛宮時，為賺極少、極小的錢財，剛夠吃飯，會常拮据，也會在衣食上節儉，其人身體不好，為本命財少之人。

在官祿宮，代表智慧不高，工作能力也不高，只能做沒有什麼名位、職位，但能賺一點吃飯的錢的工作。

廉貪、陀羅同宮

廉貪、陀羅同宮時，是『風流彩杖』格。入命宮時，代表其人頭腦笨、喜酒色、好邪淫，易行邪佞之事。其人出生即不正，很可能是不名譽所產下之子。某些廉貪陀命格的人，是受強暴所生下之子女。未來也易因桃花邪淫事件而影響工作，或影響人生。女子有此格局在命宮的人，易賣淫，或靠人過日子。男子也懦弱無能，易在風月場所生活。

『廉貪陀』在財帛宮時，易賺風月場所、淫色桃花的錢，錢財不順利，常耗財凶，會有時有錢、有時沒錢，窮的時候多。**在官祿宮時**，易做與色情有關的行業，也易不工作，靠人養活。

廉貪、火星或廉貪、鈴星同宮

廉貪、火星或廉貪、鈴星同宮時，其人性格怪異、脾氣壞、衝動，但有暴發運，快起快落。性格乖張，更容易做事不長久，或不工作。一生更喜愛等待暴發運，但暴發運並不大，是最低層次的，而且時間短，是故其人更容易頭腦不實際，耗費人生。

廉貪、火星或廉貪、鈴星在財、官二宮時，也是具有極短、不算大的暴發運，但也會財來財去，使你工作時期不長久，易浪費人生。

廉貪、天空、地劫同宮

廉貪、天空、地劫同宮入命時，你是腦袋空空，只宜入宗教中生存的人。你會一生無用，什麼事也不想做，喜歡邪佞之事，易遊

手好閒。你也不一定會結婚，易成為家人之負擔。

此形式在財帛宮或官祿宮時，都會窮困、不工作、無財可賺，易為遊手好閒之人。

廉貪、文昌或廉貪、文曲同宮

廉貪、文昌或廉貪、文曲同宮時，為桃花格局，其人易頭腦不清、政事顛倒、邪淫桃花多，此人或許能工作，但常為桃花糾纏牽絆，易損財耗錢，工作也易起伏，一生都在桃花問題中轉不出來。人生、事業的發展性都不高。

廉貪、左輔或廉貪、右弼同宮

廉貪、左輔或廉貪、右弼同宮時，會愈變愈壞。入命宮，其人

紫、廉、武

▽紫、廉、武

會懦弱無用，有人會幫著你又笨、又人緣不好，使人討厭。不過也會有人養你，給你飯吃，不過財少，只是活命的錢財而已。在夫、官二宮，也都是愈來愈慘。

第八章　廉貞在『命、財、官』及『夫、遷、福』對人的影響

第一節　廉貞在『命、財、官』對人的影響

當廉貞星在『命、財、官』等宮位出現時，其三合宮位中必有紫微、武曲。這是一種鐵三角之連鎖關係。你的一生必定和政治、以及計謀、策劃、賺錢、升官、做事業、向上攀升、享受財福等事務有關的。因為紫微有穩定、平復、趨吉的力量，武曲是財星，故

你只要凡事穩定下來，努力去做，便可生活平順而得財。紫微也是主貴的力量，故你一生努力奮發又走對路的話，就能有出頭的一天。

當廉貞在命、財、官等宮時，要看廉貞星的旺度，與坐落何宮，要先知道廉貞的形式（是不是雙星並坐的形式）。只要知道廉貞的形式，就能知道三合宮位中紫、武二星的形式，自然知道此命格的好壞與一生的起伏運氣的變化了。**例如知道是廉相的形式**，其三合宮位必有紫府、武曲居廟。此類鐵三角的組合，在錢財上能多得，且有暴發運，但『武貪格』中不能有劫空、化忌，否則不發。**例如是廉貪的形式**，其三合宮位必定是紫破、武殺。此『命、財、官』之組合是主貴，財少的特質。宜多往武職或讀書方面增高人生層次，否則賺錢少，又耗財多，易窮困。

廉貞居廟在『命、財、官』時，必在寅、申宮，其三合宮位也必是紫相、武府，但廉貞不能與天空、地劫、化忌同宮，一生易起伏、頭腦不清、沒有成就，錢財也易不順。

廉貞在『命、財、官』之中，主導人的智慧，不但是賺錢、做事的智慧，同時也是對人生目標具有謀略的智慧。但並不一定是廉貞居廟，就一定好。廉貞雖居平，和天府、天相同宮時，三合照守的星也都帶財、帶官，也是財官雙美的格局。因此三合宮位的星曜也非常重要。

廉貞和殺、破、狼同宮時，是凶煞之神聚集，就必有一敗。**例如廉殺的三合宮位中有紫貪、武破**。武破就是窮運，再加上廉殺本身就有二個不好的運程，只靠紫貪來平復災厄，就顯得吃力了。因此只有一般小市民的財運格局。**例如廉破同宮時**，其三合宮位中是

紫、廉、武

▽紫、廉、武

紫殺、武貪。在此三合宮位中，武貪是最高之旺運，有暴發運，而廉破是最慘之衰運、破運，而紫殺只是中等稍好之運氣，是靠努力打拚，付出血汗、勞力之後才平順一點的。因此廉破的破敗，足以使人生跌到最低點。因此命、財、官有廉破進入時，人生的衝擊性很大，大好大壞。而這種大好大壞是必然出現的，只是看在你人生中的那一個階段而已。故而有此格局形式的人，多半有宗教信仰，才能堅定自己的力量，來應付人生中起落的命運。

當命、財、官是廉貪時，其三合宮位有紫破、武殺，其中就有廉貪、武殺是衰運、窮運了。而紫破也是耗財、不聚財、財來財去的運程，因此在此命盤中的人，大多都窮，或是幼年窮，人生中必經過窮困時期。要看八字中帶財的多寡，而知此人是否能脫離窮困。但此命盤格式的人，九成以上是窮困一族，沒錢的人。倘若你

是此格式的人，又有廉貪在命、財、官之中，就要先為自己尋找好人生目標，要以主貴為人生格局及努力方向，不要老想賺錢，而沒有做事方法，必須懂得儲蓄、節省之道，人生才會平順。

凡命、財、官有廉貪的人，是表面聰明、靈巧，但不是真聰明，計謀、企劃能力也不好的人，少說多做，用笨方法來努力打拚，也可有平順一點的人生，也能存錢。但這些人天生腦子不會這麼想，因此才會有很多窮困的日子。

第二節　廉貞在『夫、遷、福』對人的影響

當廉貞在『夫、遷、福』等宮出現時，你會是命宮有空宮或

殺、破、狼或天府、天相等星的人。基本上你也是有強勢性格，剛硬，不太會轉彎，內心多計謀，但計謀不一定好的人。因此你須要多控制情緒，多瞭解對手或別人在想些什麼，不要只一味的頑固，或自以為是。倘若『夫、遷、福』中有廉相、廉府形式的人，你倒是能認清現實，注重實際，能用婉轉的方法與人際關係，和平的和人來交往、交易，來達成你自己的目的。

當『夫、遷、福』等宮有廉貞、廉殺、廉破、廉貪等星時，你內心的計謀多，又不太有用，想法會不合常態，也易不合一般人生活上所運用之常規，你的內心和環境中多是非爭鬥，是自己內心不平靜，又替自己建造形成了不平靜多麻煩的環境。因此你少想一點、笨一點、少是非，人生就能平順享福了。這也是你自己不給自己好日子過的關係所致的，傻傻的過日子反而能平順，太精明了反而不好。

當廉貞在夫、遷、福時，你本身的注意力要多放在自己身上，多自省，也要注意本身耗財的問題，要學習理財、養生等觀念，自己多愛自己一點，廉貞在夫、遷、福出現時，人都較自私，愛自己並不是教你要更自私，而是要你多為自己留後路，為自己留資源、存錢，和保養身體健康的資源，這樣人生才會有意義和過得平順。

紫微格局看理財

『理財』就是管理錢財。必需愈管愈多！
因此，理財就是賺錢！
每個人出生到這世界上來，就是來賺錢的，
也是來玩藏寶遊戲的。
每個人都有一張藏寶圖，那就是你的紫微命盤！
一生的財祿福壽全在裡面了。
同時，這也是你的人生軌跡。
玩不好藏寶遊戲的人，也就是不瞭自己人生價值的人，
是會出局，白來這個世界一趟的。
因此你必須全神貫注的來玩這場尋寶遊戲。
『紫微格局看理財』是法雲居士用精湛的命理方式，
引領你去尋找自己的寶藏，找到自己的財路。
並且也教你一些技法去改變人生，
使自己更會賺錢理財！

第九章　廉貞在『父、子、僕』、『兄、疾、田』對人之影響

第一節　廉貞在『父、子、僕』對人之影響

當廉貞在『父、子、僕』等宮出現時，你的本命是『機月同梁』格的人，你的思想模式和感情模式以及人生價值觀和家人不一樣，也容易和朋友不一樣，因此會出現多衝突、不合的問題。但『父、子、僕』宮位中有廉相或廉府時，只是想法和價值觀不一

樣，還能有和平、友好的關係，只是你覺得他們（父母、子女、朋友）比較笨，可是這些笨人還會幫你打點事物，幫你理財，幫你賺錢，給你錢花，對你好，也不會對你凶。因此你仍是好命的人。

只有在『父、子、僕』中出現廉貞居廟、廉殺、廉破、廉貪等星曜時，父子、朋友的關係才會緊張、惡劣或父母、子女及朋友較窮，是非較多，麻煩也多。

廉貞在父母宮

廉貞單星居廟在父母宮，表示父母性格陰沈、不苟言笑、脾氣剛直、講話不好聽，父母對你嚴格，但對外人較好。你會很怕父母，也不知父母的心意，父母也會較自私，你無法和父母溝通，親子關係常緊張。**有陀羅同宮時**，父母較笨，有爛桃花，會影響家

庭，你也容易是不倫關係所生下之子女。**有化忌、劫空時**，父母易不全，或早亡，不親近、離的遠，你本身也會有遺傳上之疾病、癌症會發生。

廉相同宮在父母宮：父母溫和，會對你好。但你早年易讓父母操心，長大後，父母較跟不上你的思想腳步，你易覺得父母笨，但父母始終是會幫你打點很多事，會細心照顧你的人。

廉府同宮在父母宮：父母溫和，對你好，父母的交際應酬多，人緣好，是靠人際關係工作的人。幼年時代你也會讓父母操心，父母為你付出很多，長大後，你也會覺得父母沒你聰明，但父母的人際資源與財富都會照顧你。

廉殺同宮在父母宮：你自幼和父母的思想不一樣，常常令父母擔憂，親子關係不和，父母對你管教嚴，或父母不全，家窮，父母是勞碌階級賺錢不多的人，甚至知識水準也會沒你高。父母的教育方式亦不為你所接受。你也易做養子女。

廉破同宮在父母宮：父母會離婚，家破，或家窮。父母和你不和，對你凶，或父母品性不好，亦可能父母不全，或是彼此離得遠，沒緣份。你也易做養子女。你的思想和父母長輩都不一樣，易早離家獨立。

廉貪同宮在父母宮：父母和你的關係壞、緣薄，父母窮，父母之間的關係壞，或父母品行不好，父母桃花多，你易是不名譽所生下之子女，或是先上車後補票所生之子女。父母也會離異，或終日爭吵，家宅不寧，你會早離家獨立。有天空、地劫同宮時，無父母。

廉貞在子女宮

廉貞單星居廟在子女宮：表示子女二人，親子關係不睦，相互刑剋爭執激烈。子女是和你思想、價值觀不一樣的人。你是『機月同梁』格的人，子女的命格屬於『殺、破、狼』系列格局的人，在相互感情表達上也有很大的差異性，你對子女的要求會陷於本位主義，以致於對子女的教育方面，自己感覺身心疲乏。**再有陀羅、祿存、火星、鈴星、天空、地劫、化忌同宮時**，子女少，或與子女關係疏遠，或不婚。

廉相在子女宮：子女是溫和、乖巧、聽話的人，但子女間並不一定融洽。子女中有能復興家業、維持家計、體諒父母之人。你的家中不富裕，也會有瑕疵，因此你會依賴子女很多。**有擎羊或祿存**

時，子女少，有子一人，子女是懦弱無用之人。**有火、鈴同宮時**，子女間爭鬥稍多，也不一定能體諒孝順父母了。**有天空、地劫同宮時**，子女少，你的身體較弱，但可有子女，但子女未必能對家庭有益。**有廉貞化忌、天相時**，子女頭腦糊塗，是非爭鬥多、不和，或有殘缺。亦可能無子女。

廉府在子女宮：子女是溫和，有人緣，好交際之人。子女會為你帶財來，但你未必與子女關係融洽，子女間之關係也未必融洽。你與子女間之關係也類似一種交際應酬性的關係，並不真心的彼此瞭解、貼心。子女未來仍會用金錢孝順你。**有空、劫同宮時**，子女少，也會對家庭幫助不大了。

廉殺在子女宮：子女少，可有子一人。你不喜歡小孩，親子間有剋害，緣份淺，也會管小孩很凶，子女幼時不好養，身體弱，未來子女也易離開。**有擎羊同宮時**，無子或子女早逝，相互剋害深，子女身體弱，易傷殘，或你不易懷孕。

廉破在子女宮：子女少，或無子，或有子一人，親子關係惡劣，你並不喜歡小孩，與子女緣份薄，會有不好教養的小孩，或與子女分離。**有擎羊、劫空同宮時**，無子，或與子女生離死別。**有祿存同宮時**，可有子一人，但關係不長久。**有火、鈴、化忌同宮時**，無子女，或有傷殘之子女。

廉貪在子女宮：子女為懦弱無用之人。親子關係不算和諧，較難溝通，或根本少溝通，你對子女不瞭解，親子緣份薄。子女中也易有品行不佳的人，你也並不看重子女。**當有陀羅同宮時**，子女易是不正常關係所生之人。或子女中有人有爛桃花糾纏不清，會糊塗淫亂。**有天空、地劫同宮時**，無子女。

紫、廉、武

廉貞在僕役宮

廉貞單星居廟在僕役宮：你的朋友或部屬是多智謀，善於爭鬥的人。相互友情不親密，常相互侵軋，多是非。必須有私下利益交換的狀況，才會走到一塊去。**有火、鈴、化忌同宮時**，朋友間爭鬥更凶，是非更多、不和，要小心有官司之事產生。**有空、劫同宮時**，朋友少，來往冷淡，較孤獨。

廉相在僕役宮：朋友和部屬是溫和，沒你聰明，但能為你付出心力，幫忙你的人。但朋友間相互不一定和睦，也會有是非。朋友只會為你打理一些事務。**有空、劫同宮時**，朋友對你也未必有助力，不太幫得上忙了，但仍溫和，對你無害。**有擎羊同宮時**，朋友是陰險、懦弱、頭腦不清的人，對你無益反有害。**有廉貞化忌、天**

相同宮時，朋友是頭腦不清，是非多，害你有官司纏身的人，要小心。**有火、鈴同宮時**，朋友對你無益，有是非爭鬥，同時他們也是脾氣不好的人。

廉府在僕役宮：朋友多，朋友是好交際應酬，來往頻繁的人。同時你也好交際應酬。朋友會為你帶來資訊和機會。因此你會好交朋友，以朋友為你的人生資源。**有羊、陀、火、鈴同宮時**，朋友中好的少，對你有利的朋友少，你也未必喜歡和朋友來往了。**有劫、空同宮時**，朋友間還和諧，但會稍有距離，你也未必以朋友為資源，故朋友對你的益處少。**有化忌同宮時**，交際應酬會為你帶來是非、官司，朋友間多是非爭鬥也會波及你。

廉殺在僕役宮：易有背叛之朋友和部屬。你的朋友和部屬易是頭腦不聰明、又蠻幹、不講理的人。你也不想和他們多來往、多囉嗦。**有羊、陀、火、鈴、化忌同宮時**，朋友是好爭鬥，不明理的人，也會剋害你，你不想和他們多來往，因此朋友少。**有空、劫同宮時**，你對交友之事不關心，也不想多和人來往。

廉破在僕役宮：你的朋友或部屬都是品行不好的爛人。你常認人不清，偶而也想貪小便宜，常吃虧。小心易遭人綁架、勒索。你的朋友少，要不然就是酒色、財氣，或宵小之鼠輩，真正對你有利、對你好的朋友，你看不見，因此你常對朋友失望。**有空、劫同宮時**，朋友少，較孤獨。**有擎羊、祿存、火、鈴、化忌同宮時**，朋友間多是非、爭鬥，你會較保守，害怕交朋友。你根本就不懂得如何和朋友相處。

廉貪在僕役宮：你的朋友和部屬易是品行不佳的人。你的人緣關係差，人緣不好，朋友也交不久。品行好，有格調的人也不會到

你身邊來。因為你是又聰明古怪、又驕傲、性情多變的人，只有愛搞怪，不怕是非麻煩，敢於糾纏的人才會和你交朋友，因此你也常受騙、遭災。**有地劫、天空同宮時**，無朋友，較孤獨。**有陀羅同宮時**，朋友都是邪淫、有爛桃花之人。**有火、鈴同宮時**，朋友是性格古怪，品行又不好之人。**有化忌同宮時**，與朋友多是非或官非，會較孤獨，沒有朋友。

第二節　廉貞在『兄、疾、田』對人之影響

當廉貞在『兄、疾、田』等宮時，你本命是『機月同梁』格的人。你的人生資源和經歷都是在『機月同梁』系列格局的規格之

上。這是一種保守的，帶有制約、規格不大的財祿格局，因此你的人生資源也不算很豐富，人生的經歷也是在某種固定、穩定的波動下進行著。兄弟宮是自人呱呱落地出生後，就擁有的人際關係的助力，這是人生資源中的一種。田宅宮是人之財庫，也是人生資源的一種。疾厄宮是人之健康，更是人生資源之一，**故『兄、疾、田』之三合宮位就是人生資源的總和**。倘若其中有任何一個宮位不佳，此三合鼎立之一角就癱塌了。而廉貞星在『兄、疾、田』等任何一宮位都是不好。廉貞在六親宮出現，皆有不和、明爭暗鬥的狀況。自然在兄弟宮也是這種相互不和，有爭鬥及意見不和的狀況。廉貞在田宅宮出現，代表與不動產無緣，也會家產賣盡，財庫空虛。在疾厄宮，代表與血液有關之疾病，多膿血之瘡，口角靡爛，壞牙、長瘤等等，這些問題會直接和人身體之免疫系統有關。自然這些問

題大多也是和遺傳有關的疾病，這也表示先天的資源也有問題了。是故當廉貞在兄、疾、田等宮時，都算是刑剋不吉的。若是廉府、廉相兩種形式在兄、疾、田等宮之中，有居廟的天府財庫星或居廟的天相福星一起來影響改善，偏向財、福多一些，也能平復一些廉貞囚星的惡質，但仍會有某些瑕疵，並不是十全十美的財、福，會是規格略小的財、福資源了。

廉貞在兄弟宮

廉貞單星居廟在兄弟宮：兄弟是頑固，性格強硬、陰沈、不苟言笑的人，會有暗中爭鬥，兄弟不和，少溝通來往。**有空、劫同宮時**，更冷淡、少見面、緣淺。**有化忌或陀羅、火星、鈴星同宮時**，兄弟間多是非、兄弟頭腦不清，爭鬥更凶，常有衝突，宜分開來往。

紫、廉、武

廉相在兄弟宮：兄弟還和諧，但兄弟不聰明，卻肯任勞任怨幫助你，為你處理雜務，也會為你理財，但卻並不一定能慰藉你的心靈的人。**有擎羊同宮時**，兄弟為陰險、懦弱，會連累你的人。**有祿存同宮**，兄弟是保守小氣、膽小、自私，也不一定能幫助你的人。**有火星、鈴星同宮**，兄弟脾氣壞和你不和，多是非爭鬥。**有空、劫同宮**，兄弟和你冷淡、無益。

廉府在兄弟宮：表示兄弟喜交際應酬，有交際手腕，較圓滑。表面上兄弟感情不錯，私下裡是不得力的。兄弟的財祿與生活水準是規格小的小康生活，不會太有錢。兄弟也是小氣、吝嗇、口惠實不惠的人。**有羊、陀、火、鈴、化忌、劫空同宮時**，兄弟之間表面上的感情也不好了。同時兄弟也會沒錢財少，生活辛苦，對你更無助益，反而剋害的狀態。

廉殺在兄弟宮：有一人，兄弟是頭腦笨，知識水準不高，性格強悍，喜歡蠻幹，情緒無法控制的人，和你感情不睦，常發生爭執，甚至會動刀動槍，相互爭鬥。**有『廉殺羊』在兄弟宮時**，兄弟無緣，相剋，也爭鬥多，易有砍殺事件。兄弟和你其中一人會少一人，會暴斃或死亡。這樣，另一人才能生存在這世界上。你也會和兄弟不來往，而在流年、流月逢車禍事故而亡。**有火、鈴、化忌、劫空同宮時**，常無兄弟或不來往，似有若無。

廉破在兄弟宮：有兄弟一人，感情不和。兄弟是脾氣不好，文化水準低，窮困或品行不好或成就很糟的人。會讓你丟臉，你很少和兄弟來往，也不想提到他。**有羊、火、鈴、劫空、化忌同宮時**，會無兄弟，或有黑道背景，而不相往來之兄弟。彼此相剋不和，一來往就會相互爭鬥，有死亡危險。

廉貪在兄弟宮：兄弟不和，相互招災、拖累。兄弟是會走邪路、在品行上不佳，容易做犯法勾當的人。兄弟也會是懦弱無用的人。平常兄弟間少來往，一來往就有是非或相互拖累之事。兄弟間也會有爭執、相互打架、吵架不休。**有地劫、天空同宮時**，無兄弟。**有陀羅同宮時**，兄弟是有邪淫桃花淫亂之人，或有桃色醜聞，或經營賤業，令你瞧不起，又會拖累你名譽的人。**有火、鈴同宮時**，兄弟品德不高，衝動，和你易起衝動，兄弟也易有黑道背景，也易不往來。

廉貞在疾厄宮

廉貞單星在疾厄宮，代表有血液方面的毛病，年幼多瘡、瘌痢

頭、皮膚病，血液濃度太高、有雜質，免疫系統的毛病，多傷災，有血光問題，易開刀，有腰足之災。在寅宮，有腹內疾病，腹內出血的問題。在申宮，易貧血、或血液循環不佳，有氣血兩虧的毛病。**有陀羅同宮時**，氣血不通，心臟病、心臟及腦中缺血、長腫瘤，傷災多，或會有影響生育之血液問題，易傷殘。**有劫、空、化忌同宮時**，易生癌症。

廉相在疾厄宮：代表有血液方面的問題，貧血症、地中海型貧血，消化氣官不良症，糖尿病、腎臟、膀胱泌尿系統方面的毛病，內分泌方面之毛病。體內是水火相剋的狀況。心臟缺血、狹心症、皮膚病。有劫、空、化忌同宮，有癌症。

廉府在疾厄宮：代表胃疾，和消化系統有關的問題。會開刀，易嘴角潰爛、牙病、皮膚病、腎臟病。有劫、空、化忌同宮，易生

癌症。

廉殺在疾厄宮：小心眼目之疾，免疫系統不良症，腎臟病，肺部、氣管不好，大腸的問題，有傷災、血光，易開刀。會使身體體力減弱，有後遺症，也要小心車禍傷災。有擎羊同宮時，常開刀，有傷殘現象，亦可能不孕。

廉破在疾厄宮：小心肺部及呼吸道較弱的問題，或感冒所引起之併發症。腎臟、膀胱的問題，血尿、血崩、貧血、或手足傷殘、不孕等問題。**有羊、火、鈴、劫空、化忌同宮時**，手足易傷殘，或有癌症、絕症。

廉貪在疾厄宮：小心眼疾、性無能之毛病，貧血、身上神經系統不良症，包括臉部、手足、筋骨等神經有問題，腰酸背痛。**有空、劫、化忌同宮時**，有癌症。**有陀羅同宮時**，是性病所引起之不

孕、性無能之傷殘問題，亦有手足傷災。

廉貞在田宅宮

廉貞單星在田宅宮：表示與不動產無緣，動產也少，家中之祖產會變賣殆盡，無祖產。你家中的人是性格陰沈、脾氣硬的人，家中多是非爭鬥，你常是局外人，但不喜家中氣氛，易離家飄泊。女子有此田宅宮時，子宮不好，易出血，或子宮弱，生子不易。亦代表你的財庫不穩當，易漏財或財不多，你的家中也會是雜亂、不整齊、破舊的房舍。

廉相在田宅宮：房地產是自己掙來的，無祖產，也要到年紀稍大時，房地產才留得住。你家中的人性格溫和，對你好，會幫你料理一些事，但不聰明，所做的事你也未必喜歡。你的子宮、腎、膀胱都較弱，易流產。你所住的房子，易是整理整齊清潔的舊屋。你的財庫是財不多，但會理財，生活可平順，有小錢可花的財庫。

廉府在田宅宮：家中小有家業，規模不大，你也會慢慢積多。但你是守成之人，未必會多賺不動產。你家中的人是小氣但圓滑的人，會維持表面的關係和面子，大家都注重錢財，很會存自己的私房錢。是女命時，子宮不太好，易經血不調，受孕不易，生子少或不生。你的財庫規格小，但有衣食之祿。

廉殺在田宅宮：表示祖產會帶來惡運，家中人爭鬥凶，會干擾你，使你嫌惡而感覺冷淡，不想要祖產。也主與祖產無緣，須自己努力打拚，年老可有房地產。你的家人爭鬥凶、不和，或有家門不幸之事。你對房地產也無興趣。你會住在較破舊、危險的房舍中，也易住在軍營或軍營旁。你所住的房舍常需修繕、整理，易壞。你的財庫也常空，存不住錢，易被人爭奪而把錢拿走。是女命時，子宮較弱、生子不易，子宮易開刀。

廉破在田宅宮：表示家裡橫破、窮困，家中破產，故無房地產。家中爭鬥多，或有是非、官非，會查封房子。家人不和，家人易是能力不好，只會敗財、耗財的人。你和房地產無緣，常窮困，買房子不易。你也易住在破爛、年久失修、或雜亂、或人口複雜的地方與家庭之中。是女命時，你的子宮常出問題，易出血、或血崩、或經水不調，身體不好，不易懷孕，常流產。你的財庫破洞大，根本存不住錢，易過窮困日子，或住在別人名下之房子中。

廉貪在田宅宮：與房地產無緣，有房地產即有是非，變賣殆盡則平安。你家中之人情緒不穩定，會胡吵亂吵，品行不好，沒格調。家中常吵鬧，使你頭痛，你也不喜歡回家。更對買房子之事無

▽紫、廉、武

興趣。也會家中窮，買不起，更會家人之間無法溝通，家人是你一生的煩惱和痛。是女命時，子宮有問題，無力或纖維化、或不易受孕，易流產，生子不易。無論男女有此田宅宮時，都易有性無能之狀況。

第十章　武曲的特質與格局、形式

第一節　武曲的特質

武曲、五行屬金，是辛金，陰金。為北斗第六星，為司財帛之主，為正財星。又為將星，為剛毅之宿。武曲又名寡宿星，中年以後易緣寡孤獨。又為緣星，有宗教緣、人生之機緣，吃素之緣。主白色，主生女。

武曲的特質

武曲為正財星，主財祿富貴之星，但主要是因事業交易而主財，因此是帶官之財星。這是和其他財星不同之點。武曲的財，也是機緣好之財。必須為自己創造賺錢得利的機緣才有的財。因此需要奔波、移動打拚，才有財。同時武曲也是將星，和政治有關，故其財祿總和政治畫下不解之緣。也可說是運用政治立場、手腕，而能得到大財富的。所以說這是政商一體的行為做法而致富的。倘若不是這樣的模式，就很難有大財。很多人不瞭解為何武曲既是正財星，又和軍警、政治有關，又代表軍警業、政治界？就是因為這種三合組合『命、財、官』都在政治的範疇之內之故。

武曲是機緣之財

武曲總是和貪狼相遇（財星總是和好運相遇），不是在對宮、同宮，就是在三合宮位中照守，貪狼是好運星，因此武曲是因好運的機緣而得財的。倘若好運低，就無財了。因此你可以看到，『紫微在丑』或『紫微在未』兩個命盤格式中，有廉貪雙星居陷沒有好運時，三合宮位中的武殺，就是『因財被劫』的格式。武曲就居平，又被劫財，很窮，賺錢辛苦又少了。當貪狼居旺時，財才會多，而且能形成『武貪格』，有暴發運，有第一流的錢財好運。因此也可說武曲是靠好運而得財的。這個好運是武曲自己來創造的，武曲用極佳的政治手腕，運用一些權力的遊戲規則，來創造了自己的好運而能得財的。

財星最怕刑剋、劫財，就會失去財，而辛苦無所得。武曲雖與

紫、廉、武

政治有關，政治是多爭鬥不停的，是強悍的，似乎和財星有性格上的衝突，但其實不然，武曲雖性格剛直，但注意利益，在利益的前題下會圓融，曲折以得財，不會硬掙、硬搶。武曲坐命的人，最知道情勢的變化，對環境的適應力又強，會掌握對自己有利的情勢而得財。另一方面，武曲會守信諾，知輕重，也能以退為進，或攻守得宜，會掌握時機來得財。

武曲代表生意或利益

武曲要動起來才會有財，武曲和貪狼總是分不開，因此武曲是用人緣、與人交好的關係來得財的。**武曲也是熱鬧中生財**，更代表一種生意或利益上的交換、互惠所形成的賺錢技術。凡是財星坐命的人，沒有受到刑剋的，都很會做生意，瞭解別人與自己的需要，

從其中獲得平衡，而拿到自己想要的東西或利益。命中財受到刑剋的，便不具備此項特殊的智慧或特殊的命運程式了。在財星坐命者當中，又以武曲正財星坐命居廟的人，最具有這種賺錢智慧，和人生歷程。故武曲坐命的人，命格中若無刑財現象的人，就是最佳的生意人了。

武曲與宗教、吃素方面的緣份

武曲入命，不論是居廟或居平，**都是年青時鐵齒不信邪、不信教**，固執、較剛硬，到中年以後或經歷了一些事情以後，才漸漸會有宗教信仰，或開始吃素的。也必會因為某些因緣才開始吃素的。現代生機飲食的流行，**命宮有武曲的人，也會因健康關係而茹素。**

武曲在辰、戌、丑、未宮入命時，稱為寡宿星。因辰、戌、

紫、廉、武

丑、未宮為四墓宮，其人在性格上容易較悶，或受到限制。尤其以在辰、戌宮之天羅地網宮時，其人更不愛動，就容易孤獨，中年以後容易失去配偶，武曲坐命的人，易念舊，或信守某種承諾，也易不再婚，故稱寡宿星。如能再婚者，便不為『寡宿星』了。

武曲在人的方面：代表政治人物、軍警人員、財稅人員、海關人員、有權力及有財權的人，金融業之人員、生意人、意志堅定的人、性格剛硬的人，信守承諾、誠實的人、不會拐彎抹角的人，對財有敏感力的人，能招財的人、做素食的人、宗教信奉者。

武曲在事的方面：代表政治之事務、軍警之事務、掌財權之事務、金融事務、銀行事務、生意上之事務，貿易、與錢財有關之事務、宗教事務、素食養生之事務，發財之事務、財稅之事務。

武曲在物的方面：代表黃金、金錢、有價證券、存款、金融商品、鐵器、五金、堅硬之物、生財之物，生意上必須用品、金屬裝飾品、首飾、保險櫃、罐頭、彩券、百寶箱、存錢筒、聚寶盆、發財樹、鍋碗瓢勺等吃飯的用具，海關沒收拍賣品、高價值之物品。

武曲在地的方面：代表銀行、軍營、政府機構、財稅機關、立法院、毫宅、國防部、派出所、警察局、土地公廟、福德正神廟、有錢有勢之家、寺廟、素食店、欲種植農作物的小土堆、生意場所、商店、貿易公司、藝品店、寺塔、有錢人家之大墓。

武曲在建築的方面：代表金融大樓、銀行、財稅大樓、財稅稽徵處大樓、警察局、國防部之大樓、大拍賣場、貿易大樓、有嚴密保全的樓舍，外表是玻璃帷幕的大樓，外表是不銹鋼、白鐵型閃亮的大樓，雕堡、外表堅硬或石塊砌成之房屋、外表是白色的房屋

樓舍。

武曲在疾病的方面：代表心氣不足、肺部、呼吸道、鼻病、支氣管炎、肺癆病、哮喘病、咯血、大腸方面的毛病，便秘、腸道阻塞、大腸癌等疾病。也會引發腎衰竭、腎病、肝病等問題。

武曲入命宮

武曲入命宮時，要看命宮的武曲在何宮位，以武曲的旺弱，以及和何星同宮的形式，來定命格帶財的多寡。武曲單星入命的人，和武相、武府、武殺、武破、武貪坐命的人，在性格、體型和人生運程上都有很大的不同。

武曲單星居廟坐命

武曲單星居廟坐命辰、戌宮的人，幼年時臉色為青白色或青黑色，到老年時為青黃色或黯黃色。體型是中矮而壯碩的，形小聲高量大，面型圓，性格剛直，善良，遇事有判斷力，為至剛至毅之人。若生於西北方，是富貴長久之人。若出生於東南方，則易富不貴。

武曲在辰、戌宮入命宮時，都會性急、固執、冥頑不靈，做事速戰速決。無心機，心情好時，很愛活動，心情不好時較靜，精神上較孤獨、孤僻。脾氣不好、很忸，脾氣發得快，也好得很快，不會記仇。

武曲坐命辰、戌宮者，**坐命辰宮的人比坐命戌宮的人，命裡財多**。因戌宮為火旺土重之宮位，會剋金、熔金，辰宮為帶水之土

▽紫、廉、武

宮，能生金之故。因此在戌宮坐命的人，也會比在辰宮入命的人，幼年窮困得多。內心也比在辰宮的人小氣、吝嗇的多。

武曲在辰、戌宮入命的人，都幼年家庭不富裕，誕生此人以後，家庭中會有一段平順、財稍富裕的生活，此人會為家庭帶財來。未來也會替家庭帶來財祿，使家庭慢慢步上較富裕的康莊大道。家中誕生此人，就是有奮發向上，力挽狂瀾，改變家運的企機了。但仍要經過一段打拚時間才行。**武曲坐命之人，真正有錢或能賺到大錢，也要等到三十歲至三十五歲以後**，才會好。但命、遷二宮有擎羊、陀羅、化忌、劫空的人，是命中『刑財』或『刑運』之格局，會不如想像中那麼財多，本命財就會少一些。且易有傷災、官非、耗財，易遭劫財。有刑星入命或相照的人，本身財的格局不大，這也是一種財的規格，因此幼年會更辛苦，生活更不富裕，**家**

中如誕生『刑財』格局之人，是家庭正逢窮困之災，正受金錢是非問題的騷擾的時候，也無法解救家庭之疾苦了。有些時候，反而會為家庭帶來更多的災難，如家庭破碎、家人分散，或父母不全等事。**有空、劫在命宮的人**，是『財空』或『劫財』命格的人，易頭腦空空，思想不實際，財祿不多，有些財祿不想賺，或根本也未曾想到去賺。**武曲加火、鈴入命的人**，脾氣古怪，也為『刑財』色彩的人，雖有暴發運，但財來財去的更快。武曲在辰、戌宮入命的人，命、遷二宮無化忌、劫空者，都有暴發運。是『武貪格』暴發運，流年、流月、流日、流時逢到，能暴發極大之財運。此人也喜歡做事業，注重事業、愛賺錢。也會在流年、流月逢到『武貪格』時，在事業上暴發。有羊、陀同宮或相照的人為『破格』，亦能暴發，但也易有小血光，或有慢吞吞不爆發的狀況。

紫、廉、武

武曲坐命辰、戌宮的人，生性勤快，適應環境的能力極佳，會很快的會進入情況，勞心勞力，一生會為錢勞碌，要離鄉發展，才有出入。而且要奔波活動，財才會流轉進得快。其夫妻宮是七殺，表示內在的感情很果斷明快，猶豫的時間不長。對感情的喜好，好惡分明，他喜歡能幹，會做事，不會拖拖拉拉，也不會情緒起伏，更不會忸怩作態的人來做情人或配偶，對感情堅貞，某些人也有感情潔癖。**武曲單星坐命的人，大多桃花少**，屬於人緣桃花，情愛桃花極薄，因此也能為人正直、剛毅，少為桃花牽絆，做事能有成就。此命格的人重視工作、事業，也會重視家庭、子女，為家庭付出很多，因此婚姻非常重要。婚姻運好的人，則一生順利得多。在找尋配偶方面要重視價值觀的相合。否則就會婚姻痛苦及影響一生的運程。武曲坐命辰、戌宮的人，若與政治有關的人，會做軍警業，好掌權管事。若與錢財有關的人，會做生意人或金融界。

武府坐命者

武府坐命，是正財星與財庫星坐命的人，其人性格是稍帶溫和、剛毅之人，坐命子宮的人較會賺錢，坐命午宮的人較會存錢。但都是小氣、吝嗇、保守、做事一板一眼的人。要看八字中帶財多少來定此人的財富規格。武府坐命者喜和錢財接近，喜歡管錢、摸錢、數鈔票。命格中有羊、陀、火、鈴、劫空、化忌在命、遷、財、官、福等宮的人，也是財祿並不多的人，財祿規格就會較小，就會做薪水族或公職來維生了。此命格的人，注重物質生活，命中財少或有刑剋的人，仍會靠人生活，**有擎羊入命、遷二宮的人**，男命易為『妻管嚴』，易懦弱怕妻。**家中誕生武府坐命的人**，若無刑剋的話，是家庭正要邁向富足之康莊大道。若有刑剋時，表示此人只會帶自己的衣食來，夠自己生活，對家庭的幫助不大。如有武曲化忌、天府在命宮時，其出生時家庭中仍有金錢上之麻煩困擾，不能解決。

武貪坐命者

武貪坐命，是正財星與好運星同宮居廟坐命的人，性格慳吝小氣、剛毅強勢，但勤勞、勤快，長相威武、粗壯。命格有刑剋者會瘦弱。女命則性格潑辣、脾氣急衝，敢講敢做，不相信別人。

武貪坐命的人，一生運氣比別人好，尤其在財運和工作方面，但不發少年時，要三十歲以後較好。但大多武貪坐命者，幼年家中窮困，但此人出生以後，家境慢慢變好。其人性格急、不耐靜，如果靜靜的，就會性情悶，運氣也不好了。其人需離鄉發展才會好。

武貪坐命為命格中即為暴發格，常在外有好運，但在三十歲以後才真正能暴發大財運。**命、遷二宮有化忌、劫、空的人**，沒有暴發運，同時也是刑運、刑財格局的人，錢財、工作也易起伏不順。**有羊、陀同宮或相照的人，為『破格』**，但仍能暴發，有時會發得小，或發得遲，或拖拖拉拉不發。**有化忌、擎羊一起同宮的人**，平常不發，一暴發就有大災難，也可能傷身害命，無法享受財富。

武貪坐命的人，財帛宮是廉破，官祿宮是紫殺，會賺會花，花錢大膽，不會理財，一生勞碌，忙於工作，因夫妻宮是天府財庫星，因此多靠配偶幫忙理財或儲蓄。如果夫妻宮不好，有煞星進入，也會一生財祿少，耗財多，不為富人了。**家中誕生了武貪坐命的人，命格無瑕疵的話，表示父母正走好運**，即將有財運到來，如果有羊陀同宮之破格，表示家中即將發生之財運、好運規格不大，只有一點財而已。**如果有劫、空同宮**，表示仍能為家中帶來好運、財運，但父母家人並不一定看得見而已。**如果有化忌同宮，是武曲化忌、貪狼**，表示此人給家庭帶來的是運氣，非財運，仍家中較窮，有金錢是非。**如果是武曲、貪狼化忌**，表示此人為家中帶來少許財運，但機緣、機會不多，會使家中保守，不向外發展。

武相坐命

武相坐命，是正財星與福星同坐命宮，其人性格是溫和中帶有剛毅、剛直色彩的人，說話很直，注重公平，主觀意識強，注重衣食享受，事業心會強，人緣桃花較佳。但武相坐命的人在家庭中誕生，總是會面臨一些家庭是非或傷剋之事。其遷移宮是破軍，表示會面臨一些破破爛爛的事。因此家庭中易遇家庭沒落、父母離異、父母早逝、不全，或家中多是非爭端，此人就是來順應或料理有瘡痍的環境之人。但其父母宮有陽梁，表示還是能得到父母之一，或更年長之長輩之細心照顧，而生活舒適的。

武相坐命的人，好享受、好衣食，雖重事業，但並不覺得要有多成功、多偉大的事業。又好衣食，因此做衣食業好，而且本命較不易形成『陽梁昌祿』格，故在念書方面較辛苦、較懶，大多也不會往讀書和高學歷上發展。

武相坐命的人，因命宮有天相福星是居廟位的，武曲財星居得地剛合格之旺位，故愛享受，常會偷懶，是想打拚時才打拚，命格八字中沖剋多的人，才會勞碌。但武相的人總是享得到福，享不到財福的人，就享懶惰之福。雖說天相是勤勞的福星，但命中財少愛

紫、廉、武

享懶惰的福時，就會愛玩耍、為玩樂而勞碌。

武相坐命的人，即使命宮有武曲化忌、天相，錢財上多是非、不順、財少，仍能享福，會享懶惰之福，並且也能找到吃飯的地方，過得好。其人雖對錢財頭腦不清，但對自己的衣食享用倒是十分清楚、注意的。**武相坐命的人，最怕命、遷二宮有空、劫相對照**，則易頭腦空空，一生財、福都不多了。

武殺坐命者

武殺坐命者，有些外表剛硬，有些外表看起來溫和懦弱，但實際上其內心都是頑固、剛強，做事斬釘截鐵，性格有某些方面古怪，較會硬拼的人。其人也會性急、能幹，但少年不利。此命格的正格是臉型圓大、頭顱圓圓的，身材矮壯、手腳四肢短圓。若武殺

坐命，而高瘦、臉長，則是命中刑剋多的人。

武殺坐命者，心態好勝，不肯認輸，平常話少，有文曲、天姚同宮或相照時，愛講話、性格衝動，好鬥爭，好動，多外傷。武殺是『因財被劫』的格式，也常因為錢財問題與人有爭執。武殺坐命者也易入政治圈或做軍警業，具有戰鬥力，常因命中財少、較吝嗇或好爭財，但不一定爭得到。也易爭到手了卻無財。做專業工作較好。

家庭中誕生武殺坐命者，通常是家中經濟正面臨走下坡，或將要窮困了。其人幼年身體不好、不好養，到青年或中年時代，必有災禍、不順，這是本命財少，又劫財的關係，要到五、六十歲以後才會平順。

武殺坐命，即使有祿存、化祿在命宮，也不能做生意，都是刑財及『祿逢沖破』的格局，會有敗局。**有擎羊同宮時，為『因財持刀』格**，有因財被殺或殺人犯罪、傷殘之命運，也易車禍身亡，不善終。

紫、廉、武

武破坐命者

武破坐命者，體型較瘦，略高，因武曲居平、破軍也居平，也是**『因財被劫』的格式**，故一生也財窮，財不多。會性格小氣、慳吝，剛強、爽直，多不承祖業，白手成家，離鄉破祖、六親緣份薄，一生勞祿辛苦，宜做較勞苦功夫之工作較好。其人也會精神上較空虛。此人會喜歡冒險、膽大、做事常孤注一擲。

武破坐命者，主要是窮命色彩的人。也常是出身在貧困家庭，或家庭、家族將要破產、崩離、破碎之時。也要看其八字帶財多寡

來定其人一生的財祿用度和人生命運。通常武破坐命者為孤獨命，身體瘦弱不佳、多病痛者為窮命。**因財星與耗財同宮被劫之故**。

武破坐命者，一般較孤獨，夫妻宮是空宮，官祿宮是紫貪，適合做軍警業。若本命有破軍化祿，或夫、官二宮有多個桃花星進入，則多淫色桃花，會有多個配偶或不結婚與多個異性有桃花糾結。此命格的人，也未必有事業可談了。

武破坐命者，除非有化權在命宮的人，有主見、有衝動打拚的能力，也才能有成就。本命是主貴的格局者，應以主貴為目標。主貴以後，才能帶來財祿。

武破坐命者，理財能力皆不好，不能經商，必有敗局。命格中有破軍化權或破軍化祿的人，是強力要破耗的人，更容易負債而窮困了。命宮有『武曲化忌、破軍』的人，為一生窮困又耗財的人。

第二節　武曲的格局

武曲的格局

1.『武貪格』

武曲和貪狼同宮或相照所形成之暴發格之格局。此命局只要在命盤上出現，無論同在那一宮或在那二宮相照，其人都能具有偏財運和暴發運。可算出流年、流月、流日、流時來計劃迎接好運。此格局主要是在辰、戌年或丑、未年才有的偏財運。其他年份每年有二個月會有小的偏財運。

當格局中有羊、陀形成破格時，暴發運仍會爆發，但有時會發

得小、或發的遲，有陀羅時，也會拖拖拉拉不發。有化忌、地劫、天空同宮時，鐵定不發。有化忌、擎羊同宮時，一生多不發，最後發一次有性命之災、生命消亡，也無法享用財富。

2.『因財被劫』的格局

『因財被劫』的格局，主要是武曲財星被殺星、耗星沖剋而被劫財。因此是特指『武殺』同宮或『武破』同宮的形式。有此格局時，主窮困無財。是被刑剋無財。人生資源少，身體不好，也會小氣、吝嗇，為錢奔忙而賺不到錢。

3.『財與囚仇』格

如果命宮為武曲，而身宮有廉貞，則為『財與囚仇』格。命宮有武曲之人，包括武府、武相、武殺、武貪、武破，其財帛宮都有一廉貞星，因此身宮落在財帛宮的人，即是此格。**例如武曲坐命辰、戌宮的人**，財帛宮是廉相，而身宮又落在財帛宮者即是。又如**武府坐命者**，財帛宮是廉貞居廟，若身宮又落在財帛宮者即是。又如**武破坐命者**，財帛宮是廉殺，身宮又落財帛宮者即是。**因身宮落在財帛宮的人**，愛財如命，凡事以金錢為價值觀來衡量，而廉貞是陰火，會剋武曲之金，並且其人在賺錢方面雖用心，但智謀與企劃能力不好，反而因為太重視錢財而為守財奴，太吝嗇，為人厭惡，失去機會，而財富會減少。

4.『因財持刀』格

武殺、擎羊坐命，或命盤上有武殺，加擎羊同宮或武殺、擎羊

相照的格局，稱為『因財持刀』格。其人會性凶、好爭、好爭財，常為爭財而死，不善終。也會因財被殺死，或勞碌奔波，在賺錢過程中而身亡。亦會因欠債被殺死，或向人索債而被殺死。擎羊就是那把刀。有此格局者，大多是因窮困，窮的發瘋了，又遭災。也會因車禍而亡。命盤上有此格局者，要算出流年、流月、流日以防災。

5. 『財居財位』格

『財居財位』格，指的是武曲財星居廟、居旺在財帛宮，並且要無刑剋殺劫來沖破，才能稱之。有此格局者，主有大富貴，一生財運順利、享受好。如紫府坐命者，財帛宮是武曲居廟，無羊、陀、火、鈴、化忌、劫空同宮者稱之。

6.『寡宿孤貧』格

武破坐命者，有文昌、文曲或天空、地劫同宮，或相照者稱之。武破為寡宿之星，主孤獨，有文昌、文曲主貧困，有空劫同宮時，亦主孤獨窮困，主易在宗教中安身，故皆為寡宿、孤貧之格局。

第十一章　武曲的形式

武曲為正財星有許多形式，若武曲在辰、戌宮單星獨坐時，為單星的形式，這是『紫微在寅』或『紫微在申』兩個命盤格式會遇到的。其他武曲都是雙星的形式。如武相、武府、武貪、武殺、武破等。

另外武曲單星和左輔或右弼同宮，則為『輔財』和『助財』形式，會更增加財富。但武破和左、右同宮，則耗財大於增財，故是『刑財』形式，也會有人幫忙窮的更快、更深。

凡是財星逢到昌、曲、左、右、祿存、化祿、羊、陀、火、鈴、化忌、劫空等星時，都要細究其是否是刑財或輔財、助財之格局，這也都是在規格其人命格中所帶財之大小的情況。因此它也會制化命格中資源的問題。

第一節　武曲單星的形式

武曲單星獨坐辰、戌宮的形式

武曲在辰、戌宮出現時，居廟旺之位，主財多，是正財。但和對宮貪狼形成『武貪格』，故又帶偏財，為暴發格。此命格的人剛正不阿，重信義、承諾，對錢財敏感，是最好的生意人與政治人物的料。其人會重視利益，會掌權，活力充沛，富行動力，勇敢、堅

強，做事剛毅果決，能成大事。此命格的人無論待在那裡，都會替周圍的人帶來財祿、富貴和好處。有武曲在命、財、官，又完美無刑剋的人，一生錢財順利、主大富。

武曲、擎羊同宮

武曲、擎羊同宮是『刑財』格局。其人命中的財富規格會變小，一生賺錢辛苦，以勞力賺錢，並在賺錢中多受干擾，也會有些錢你不愛賺。你會做付出勞力多的工作，有專業技術者，也能衣食無憂。為巧藝之人，能具有巧匠、靠精巧的手藝維生。其人也會身體不好，或有傷殘現象，或不孕等現象。亦會有眼目不好及腎臟病、心臟病、身體較弱等問題。一生事業多起伏，易做不長久。**武曲、擎羊若在財、官、遷、福等宮**，其人也會工作多起伏，賺錢

少，為平常人之命格，或身體較弱，命中財少等事。流年、流月逢此宮位，要小心車禍、傷災、開刀之事，有血光問題。

武曲、陀羅同宮

武曲、陀羅同宮，會出現在辰宮，在戌宮的是壬年生的，有武曲化忌、陀羅同宮，兩者略有不一樣。

武曲、陀羅同宮，是刑財格局，但也和『武曲、擎羊』的刑財格局不一樣。『武曲、陀羅』的刑財是慢和笨，原地打轉，不開竅，內心想的多，做的少，行動力不足，愛煩惱，心中多是非，但又不說出來，也不尋求解決之道，做事沒恆心、沒毅力、頑固不化，因此刑財和錢賺的少。『武曲、擎羊』是好爭、好計較，想得不多，做事很快，太衝動，但有時又有無力感，把事情看得太細膩，注重小

節，因小失大而刑財。『武曲、陀羅』是看事粗略、又太不細膩，粗心大意而刑財。

武曲化忌、陀羅同宮時，是對錢財有扭曲的看法，太粗心，又太不用腦子，有金錢是非時，常又固執忸怩在某些不重要的細節上，因此是非多，錢財不清，又無法解決。化忌和陀羅是雙重是非、糾紛，和武曲同宮，就是雙重的金錢是非。武曲、陀羅都代表金傷，金的刑剋。因此易有車禍、鐵器、石頭等傷災，精算流年、流月能避災，否則易受災而亡。

武曲、火星或武曲、鈴星同宮

武曲、火星或武曲、鈴星同宮時，是刑財格局，無論在命、財、官、遷、福等宮出現，其人都會性格怪異，有特殊的聰明，好

時髦，喜新鮮感之事物。但在財運上有耗財現象，也會財不多。雖能和對宮的貪狼形成『雙暴發格』，但武曲的財已先被火、鈴所刑了，再暴發的財運也不會太大了。而且會暴起暴落迅速，在人生中也還是會有窮困時刻。

武曲、天空或武曲、地劫同宮

武曲、天空或武曲、地劫同宮時，是『財空』或『劫財』格局，容易頭腦空空，看不見財，或是有些錢你不愛賺，因此賺的錢不太多了。更會在工作有起伏不順。有時候是因自己太聰明而不賺或被劫財。此格局在財、官、夫、遷、福等宮出現時，同論。這也表示你命中的財格局不大，且財少，會愈勞碌、愈辛苦，財愈少。

武曲、文昌或武曲、文曲同宮

武曲、文昌或武曲、文曲同宮時，**要看是在辰宮或戌宮而定助財、刑財**。

武曲、文昌在辰宮，文昌居得地之旺位，會聰明、計算能力好，文武雙全，學習力強，精明幹練，**能助財**，富貴會加大。**在戌宮**，文昌居陷，智慧不足、較粗俗，計算能力也不好，**故會刑財**。凡此格局形式者，表示命中的財天生不多，能賺一點財，但並不會有大富貴。

武曲、文曲在辰宮，文曲居旺，表示其人會有口才，人緣極佳，也會才華很好。善於經商，能增財、助財。有大富之命。**在戌宮**，文曲居陷，表示口才不佳、才華少，周圍冷清，人緣不好，因此會刑財。凡命格有此形式者，表示命中還是有一些財，能賺一些錢，但很有限，也不會有大富貴，也容易孤獨。

武曲、左輔或武曲、右弼同宮時

武曲、左輔在辰、戌宮同宮時，其對宮必有貪狼、右弼相照。當武曲、右弼同宮時，其對宮必有貪狼、左輔相照。這表示說這種帶有左輔或右弼同宮的武曲坐命者，在天生思想上，以及在現實環境中都有左右手幫忙有賺錢的思想，或有合作精神會賺更多的錢。這同時，在其人周圍的環境中也有許多好運會幫助他。自然，此命格的人會比較勞碌，但也人緣好，機會多，只要努力，就必會成為大富之人。並且其『武貪格』也會加速及加倍的暴發。因此成為大富豪的時間會加快，以及主富貴的程度與層級會增高。但如果是『武曲、擎羊、左輔』或『武曲、天空（地劫）、左輔』，因又有煞

星同宮，則其人命中帶財的部份會減弱，並不會太有錢了，也會財來財去很快。左輔、右弼是助善也助惡的，因此勞碌、耗財都多，而且刑財部份常大過於賺錢得財的部份。這表示一方面你的頭腦中有時是愛賺錢的，也能賺到一些錢，但有時也會不實際，或有怪異的想法，也會阻礙你的進財，故財不如預期的多。另一方面是你周圍會有人一面幫你賺錢，賺少少的錢，又一面幫你耗費多多的錢。因此易入不敷出，辛苦而財少。

第二節　武府的形式

武曲、天府同宮並坐，會出現在子宮或午宮，**這是武曲正財星**

和天府財庫星並坐同宮的形式。武曲居旺，天府居廟，但在子、午宮仍有不同，在子宮時武曲較旺，故在子宮入命、財、官時，較會賺錢，財運旺。在午宮，天府較旺，故命、財、官在午宮入宮的人，較會存錢。這是『紫微在辰』或『紫微在戌』兩個命盤格式中會出現的形式。

武府同宮的意義：能具有像大財主，大富豪一般財庫之財富。這同時也表示能聚集財富，又小心計算、看守，錙銖必較，是略帶守財奴味道的財富。這也是一方面工作，一方面儲蓄的財富。

武府同宮的特色在於儲蓄，在於吝嗇，以及一分一毫的算計。其夫妻宮是破軍，表示內在的感情模式是和常人不一樣的，也會表面溫和，實際上脾氣壞，情緒控管不好，更會眼睛常看錯人，注重外表美麗，喜歡性格開朗爽直的人，常容易找到價值觀和想法不一樣的配偶或情人，常結了婚以後才知道對方原來不是自己所想的那麼好的人，因此容易離婚，也易有家暴問題。

武府同宮在任何一宮位，皆代表財祿、有緣人，對你有利的人和事、物。

武府在人方面：代表銀行中的人，管財務的人，小氣的富有之人，老闆或重要的會計人員，生意人，開店營生的人，薪水豐厚的公務員，薪水多的上班族，金融業人員，貿易人員，賺錢的農牧業，經營者，生意好的休閒農產、或渡假村的工作人員，生意興隆的餐廳老闆或服務人員，毫宅管理員。

武府在事的方面：代表金錢、薪水、豐厚的儲蓄，賺錢多的事情，生意之事、貿易之事。招財、招商之事，不動產之事，販售不動產之事。銀行之事，記帳之事，會付出代價，但也有豐厚收獲

紫、廉、武

之事。必須動起來才能求財，但結果完美之事。利益豐厚之事。要小心計算，害怕吃虧之事。用政治力量和手腕得財之事。小心謹慎，看守，嘮叨使其成功之事。

武府在物的方面：代表價值高的不動產、金錢，高經濟農作物、動產、有價值又能保值的物品，和生活富裕有關的物品，和民生必需有關之物品。軍需用品，政治機關的金庫、保險箱、存錢筒、百寶箱、聚寶盆，價值高、精緻的碗盤，古董級的碗盤，衣食用具、陶瓷用品，土金混合之物品。

武府在地的方面：代表金融大樓、銀行區、銀行街、毫宅、高級住宅區，銀行金庫、國庫、藏寶物的地窖、軍警的倉庫、軍警福利社、公務員訓練所、政府主計處、財政部，高價值農田、興旺之休閒農場、渡假村、生意興隆之餐廳、已開發富庶之山崗、經濟

利益高之農牧業之牧場、管富裕高級地帶之派出所。香火鼎盛之土地廟、富裕的寺廟。

武府在建築方面：代表外表不高，卻強壯、富裕的大樓建築，外表是石造或岩石架構，卻有大片閃亮玻璃窗，或外表是明亮玻璃帷幕的大樓建築。

武府在疾病方面：代表感冒、氣喘、脾胃的毛病，內臟有濕氣，風濕症，腳氣病，肺部，氣管不好所引起之胃脹氣、口臭、便秘，消化系統的毛病。腎水不足，陰虧陽損，膀胱有問題，小心大腸癌。

武府的形式

武府、祿存的形式

當武府、祿存同宮時，祿存會規格化武府的財的規格，使之變小、變保守，變更小氣、吝嗇。因此有祿存同宮時，財就沒那麼大了。只是還富裕，有衣食上小小的享受而已，也會有守財奴性格，只進不出，守得緊，但人緣不佳，賺錢機會也不會太多。凡有此形式在命、財、官、遷、福等宮的人，都只是一般普通人之命格，無法有大發展或大富貴。

武曲化祿、天府、祿存同宮

在午宮有武曲化祿、天府、祿存同宮時，是已年生的人，福德宮有貪狼居平化權，表示很能賺錢、存錢，但仍保守、小氣。人緣會好，也具有錢財之敏感力，財運好，但會綁手綁腳，會過比一般人富裕的生活，具有小富階級，但未必能成為大富之人。因武府在午宮的財，原本已比在子宮的財為少了，雖有武曲化祿，是財的流通好，但有祿存這個小氣財神同宮，又阻礙了財的流通，因此要成為大富之人，是較不容易的。祿存雖是祿星，但只帶衣食之祿，當它和更大的超級財星在一起時，實際上會限制了大財星的發展和規格，因此，它與武府同宮時，實際已算是具有刑財色彩的祿星了。

紫、廉、武

武府、擎羊同宮

武府、擎羊同宮時，會在午宮，是刑財、刑庫的形式，因此錢財少，也存不住錢。在其人的思想、觀念裡會不實際，或有些錢不想賺，也會工作不長久，或工作多起伏，賺錢不順利。此形式是財庫破了破洞，而進財能力也受到刑剋，因此賺錢、存錢的能力都差了。但仍會有吃飯生活的錢財，只是不會太富裕。

武曲化忌、天府、擎羊同宮

武曲化忌、天府、擎羊同宮，會在子宮，是壬年生的人會具有的形式。這表示財庫不但破了，還有金錢上的是非、爭鬥、麻煩。**如在官祿宮**，則是工作上競爭及是非、麻煩災禍多，工作易不順，事業坎坷，會有斷斷續續的問題，也會賺錢不易，常有官非紛擾不

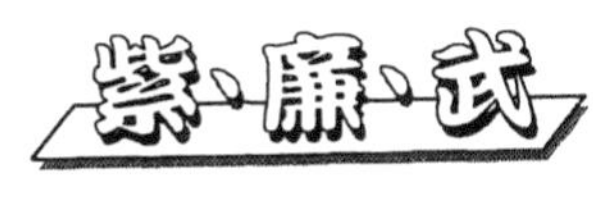

斷，以及政治上之鬥爭不停。在事業上賺錢的時候少，耗財、不進財的時候多，也存不住財。

武府、火星或武府、鈴星同宮

武府、火星或武府、鈴星同宮，也是『刑財』的形式。火、鈴的刑財表面上不如擎羊的刑剋厲害，但實際上會速度快，又古怪，結果仍是耗財、損失。此形式入命、財、官、夫、遷、福等宮時，都是頭腦突然有特別聰明古怪的想法，一下子又很衝動，會突然去做某事，做了之後，才發現原來只是耗財，對自己沒有利益的，因此使原先武府的財變少變小了。故而有火星、鈴星同宮時，是財仍然有一些，但易衝動耗財，能存下的不多，財較少的局面。

武府、天空或武府、地劫同宮

武府、天空或武府、地劫同宮時，**若在命宮**，你的夫妻宮會有破軍、地劫或破軍、天空。此形式若**在財帛宮**，你的遷移宮會有破軍加另一個地劫、天空。**此形式若在遷移宮**，則你的官祿宮會有破軍加另一個地劫、天空。**此形式若在官祿宮**，則你的福德宮會有破軍加另一個地劫、天空。因此這種形式都是『刑財』、『刑庫』現象，同時也是刑福、破耗之現象。**凡有此形式在命格中的人**，都會頭腦不實際，有特殊聰明，異想天開，或把事情看得簡單，或有時清高，不在乎錢財，因此有些錢你不愛賺，就賺錢少了。某些不該耗財的，你也不在乎，而偏要花錢破耗，因此，耗財多了。故而有此形式時，是表面上看起來還有錢，但工作不長久，會做做停停，仍愛存錢，存錢也存不住，本命中財也不多，是花的比賺的多，辛

勞而沒有結果，或根本不太打拚，總有一天會窮困的格局，你也會朝向宗教方面發展，易接近宗教。或在宗教中安身。

武曲化科、天府同宮

武曲化科、天府同宮時，是甲年所生的人會遇到的。**無論在命、財、官、夫、遷、福等宮出現**，都表示其人很有方法的去賺錢，也能儲蓄，理財能力特佳，也會享受，三合宮位中有廉貞化祿和祿存，其人會保守，小氣，**生活會富裕平順**，但其財富的格局不大。並且有太陽化忌和擎羊在四方宮位之中，會有家宅不寧，六親不和的問題。這也是六親在刑財，**或身體健康有問題**，也是刑生命資源的財。因此不算全美。

紫、廉、武

武曲化祿、天府同宮時

武曲化祿、天府同宮時，是己年生的人會有之形式。**在子宮時，會有祿存在對宮和七殺同宮相照。在午宮時，會有祿存和武曲化祿、天府同宮**。表示看起來皆具有『雙祿』格局，其實祿存會把『武曲化祿、天府』的財規格化、圈起來縮小。其人會因為小氣、保守的性格，向外發展的能力差，因此只在小範圍的地方努力賺錢，故而得財並不如想像中多，也無法成為大富翁。只是得財順利，存錢就多，能過普通人富裕生活的形式而已。此形式在命、財、官、遷、福出現都是如此。在夫妻宮出現，則是內心愛財，能找到會賺錢多財的配偶，自己在工作打拼上則保守，並不賣力。

武府、文昌或武府、文曲同宮

武府、文昌或武府、文曲同宮時，**在子宮**，文昌居得地之旺位，文曲也居旺，故昌曲會對武府加分。在子宮之『武府、文昌』，表示外表美麗，有氣質，斯文，有文藝修養，精明幹練、頭腦清楚，計算能力好，更會賺錢和存錢，因此財富更多。**在子宮之『武府、文曲』**表示口才好，伶俐、圓滑、人緣好，才藝多，喜歡熱鬧，容易替自己製造賺錢機會，財源茂盛，升官、發財的機緣多，因此很忙碌的得財和儲蓄，可擁有極多之財富。

在午宮，昌、曲皆居陷位，故武府加昌曲在午宮時，有耗財現象，對武府是減分作用的。**在午宮之『武府、文昌』**表示外表粗俗，文化氣質差，頭腦笨，不聰明，計算能力不好，較懶懶，易耗財，不易存大錢，或有些錢賺不到，雖還是有一些錢，不致太窮，

但錢財仍在慢慢消耗之中，總有一天會消耗光的。

在午宮之『武府、文曲』表示口才不好，才華少，機緣不多，常孤獨安靜，不進財，原本還有一些財富及積蓄，但進財少，又會慢慢耗損及存不住錢，因此錢財會愈來愈少。

武府、左輔或武府、右弼同宮

武府、左輔或武府、右弼同宮，都是輔財、助財的形式，會使財富增多，賺的多，也存得多。當『武府、左輔』在命、財、官時，就有『貪狼、右弼』在福德宮、夫妻宮、遷移宮出現。**當『武府、右弼』在命、財、官等宮時**，就有『貪狼、左輔』在福、夫、遷等宮出現。**當武府加左輔或右弼在夫、遷、福等宮出現時**，其人的命、財、官等宮就會有貪狼加另一個左、右出現。因此這種現象

就表示你天生就有一種好貪的思想，會幫助你賺更多的錢財與財富，你也更會存錢，容易變成大富翁。另一方面也表示你天生有合作精神，周圍環境中也有人幫著你、使你具有貪心和衝動、打拚的能力，能聚集財富，又得守得住、存的住，具有大富翁基本的功力。而這些幫助你致富成功的人是平輩之人。當有平輩之女性鼓動你貪心的時候，使你有奮發力時，就有男性平輩的人幫著你賺錢及幫著你存錢，使你變加倍富有。當你有平輩之男性鼓動你貪心、有奮發力的時候，就有女性平輩的人，幫著你賺錢、存錢，使你變為加倍富有。因此你十分好命，但也勞碌更多，忙不停。

第三節　武相的形式

武曲、天相同宮並坐，會出現在寅宮或申宮，這是『紫微在子』或『紫微在午』兩個命盤格式中會出現的形式。**這是正財星和福星、印星並坐同宮的形式**。武曲居得地之位，天相居廟，故財星只有六十分剛及格之財，而福星享福的狀況卻是一流的。還能適時的掌握一些人際關係上的主導權。

武相同宮的意義是：能具有一般富裕的財力，會理財，能掌握財權，能使自己享受優質生活，食祿好。賺錢和掌權，就是為了享受更好的生活與吃穿。並不會為了成為富豪才努力賺錢。因此錢財也只有比一般普通人稍好之財力。

武相同宮的特色，在於錢財平順。不會成為鉅富，也不會窮困，隨時有錢可花。可稍為存一點錢，夠衣食享受之用，永不匱乏，但也存不會太多。一生快樂享福。

武相入命時，相貌端正，忠厚老實，其人的感情是粗略的，夫妻宮是貪狼居旺，表示貪心多，什麼都想沾點邊，但常不用心思考，對實際狀況不瞭解，做事馬虎。容易只看到表面不算清楚的狀態，就下手去做了。性急、草率是其缺點，自然也會看人不清，對別人有太多的幻想與希望，溝通不良，到最後搞清楚了總是遺憾。這些事也會發生在婚姻問題上，因此也會晚婚，或不易結婚，或離婚。不過其人的財帛宮是廉府、官祿宮是紫微，一生只要有工作皆能生活平順享福，只是耗財多，也存不住錢。其人一生有長輩、父母的照顧，在性格上容易是長不大的孩子，想法會天真，但內心的

紫、廉、武

想法也不太會告訴別人。武相坐命的人，多半表面上看起來不算聰明，但精明在心理，尤其**對錢財和享福之事很精明**，大多數的人能享到福。其人也是在想到要享福，要找錢來花的時候，才會努力去打拚賺錢的人。否則大多數的時間，仍是懶洋洋的懶得動。武相坐命者，胖的人好吃，瘦的人好穿，也最喜歡和最適合做衣食業有關之工作。也容易待在軍警業，或做公務員。

武相坐命的人對政治稍有敏感力，又對享福之事有敏感力，這種人常在混亂的、爭鬥多的環境中出現。但他們卻自己怡然自得、起先是不太管別人的爭執，任由別人去吵，他們卻安靜的躲在一邊。等別人吵夠了，形成對決的形勢時，他才出來做和事佬，合縱連橫，把紛擾擺平。武相坐命者從不專屬那一國的人，但他會有政治手腕，大家也會當他為自己人，都來和他訴說煩惱，他也會煩，

可是最後仍會不厭其煩的來做排解紛爭的事。因為大家都會公認他是個老好人的關係。因此他也掌握了主導權。

武相同宮在任何一個宮位，皆代表財祿上的享受、物質享受、衣食上的享受。有福之人，帶財會創造衣食之祿之人，對任何人都有利的，可使你享財福之人、事、物。

武相在人的方面：代表公務員、服務業人員、餐廳老板、員工，服飾店之老板、員工，軍警固定上、下班工作的人，軍警福利社的工作人員、軍警後勤人員、軍警財務人員、法院協調人員、調停民事紛爭的人，教師、教職員、幼稚園老師、銀行行員、金融機構人員、環保人員、商事法官、保全人員、大樓管理員、賺錢穩定又享福、管事不多的人。

武相在事方面：代表金錢、薪水、物質享受、富足夠享受的錢

紫、廉、武

財之事，衣食方面的生意，易調解之紛爭。讀書可表現之事，可理財記帳之事，有必要可付出代價、勞動獲利之事。必須外出求財，結果能完美，享受福氣之事。利益還豐厚、不須花太多力氣之事。能用政治手腕，從中得利之事。能用政治手腕、平撫紛爭之事。和事佬所做之事。衣食享受之事。軍警財務之事。升官、權力之事。花錢多的物質享受之事。

武相在物的方面：代表管財務的印鑑、文件、支票。房地產之高價值之文件、支票、印鑑。和富裕生活有關之物品。和民生必需有關的物品。軍需用品，政府機關的倉庫物質。古董級的印鑑。金屬印鑑。高價值的服飾。高價味美的美食餐點。休閒享福的運動器材。高級衛浴設備。美麗、燦爛的噴水池。高價值、高利益的水道、溪流。精緻的噴泉擺設，風水用途的水缸、水池。豪華遊輪、

船舶、軍艦、補給艦、餐廳用具。

武相在地的方面：代表豪宅，靠近水邊的住宅區。銀行收支分行。藏衣食用品的地方。倉庫，軍警的休閒處所。軍警福利社，公務員招待所，政府之行政機關與財政、經濟，民政有關的機構。休閒觀光地，渡假村、餐廳、服飾店、自助餐店。美麗的小溪、河流旁，噴水池旁，風水佳之地，遊樂場，可玩樂享福之地。排解紛爭的地方，協調所，有經濟價值之水道、小溪、河流。香火鼎盛之媽祖廟。

武相在建築方面：代表外表中等、壯碩，卻外形內在都有富裕裝璜的大樓建築物。亦或是外表有大片金屬與玻璃為外牆，或有藍色或黑色骨架的大樓建築。亦或是外表是岩石及藍黑色、銀灰色，相互架構的大樓建築物。

武相在疾病方面：代表感冒、呼吸道之疾病，肺病、支氣管炎、鼻病、腎、膀胱、水道系統的問題，下半身的毛病，大腸病症、糖尿病、寒熱、氣虛、內分泌不良症與淋巴系統，免疫力方面的毛病。

武相的形式

武相的形式

武相的形式就是享福，能享財福的形式，但他必定在破舊、混亂、紛爭不斷，或周圍破破爛爛的環境中來享受。武相的形式也是用政治手腕來掌權管事的形式。因此這是一種在料理混亂、紛爭之中，順便來掌握財權，抓住財權成為己用，也是利用混亂來成就自

己財富的形式。這種形式自然難以成就大富貴，能有一般的富足生活就很不錯了。其人會性格表面溫和，有幽默感、正義感、服務熱心，不偏私、端正，在所有的公平、公正中又不忘自己的利益，他會讓你覺得他不偏私，還算公正，但你也該給他應得之利益。因此武相形式的利益，是得到大家公開、公眾認可所得之利益。也是一種自然而然所擁有之財福。凡武相入命財、官、遷、福的人，都能自然享財福之利。

武相、祿存同宮

武相、祿存同宮，**在寅宮**，是甲年生的人，**有武曲化科、天相、祿存同宮**，表示是很有方法的賺保守及夠享衣食之福的錢財。因此財富不大，又會存錢，又小氣，也會賺，但賺錢不多，存款數目也不算太大。其人會小氣、吝嗇、一板一眼，對錢很認真。只是普通有衣食的命格而已。

在申宮，是庚年生的人，**有武曲化權、天相、祿存同宮**，此形式中很有能力賺錢，能賺得多，財富較多，但也會在某種範圍中去賺，仍是保守形態的賺錢方式，也能存錢，但存的不多。因祿存五行屬土，在申宮較虛浮，故祿存在申宮雖也居廟，但實際上是較弱不旺的，因此也會存錢少，較會花錢，耗財也比在寅宮為多，但錢只花在自己身上。但因為有武曲化權的關係，較愛管錢，掌財權，不放心別人來管。

武相、陀羅同宮

武相、陀羅同宮，是刑財與刑福的色彩形式。其人會賺錢慢、

紫、廉、武

勞碌多，享福不多，會享笨福。其人天生腦子笨，會自做聰明，自以為是享福的事，讓別人看起來都覺得是耗財、又愚笨的事。而且其人內心多煩惱，常常把一件事藏在心裡想很久，直打轉，但最後下決定時，又做了最壞的，不利己的抉擇而吃虧。更易招惹是非，做事拖拖拉拉，進財慢或懶惰不做，等到不得已才做時，又時間超過了，得不到利益又白做了。有此形式在命、財、官、遷、福等宮時，頭臉會有破相，或有手足、牙齒之傷，一生多起伏，工作有變化，易換工作。錢財存不住，財福與享受都享不多，也存不了什麼錢。

武相、火星或武相、鈴星同宮

武相、火星或武相、鈴星同宮時，都是刑財和刑福的形式。其

▽紫、廉、武

人會脾氣壞、衝動、火爆、做事迅速、頭腦有古怪聰明，把事情扭曲或想的簡單，易不從正常或正道方面來想事情或做事情。速度快，但常半途而廢，或需多做幾遍才成功。因此無福，財會變少。此形式在命、財、官、遷、福等宮出現，都易工作不長久，身體有病痛，人生起伏大，也會勞碌而財不多，衣食享受也會是粗糙、不細緻的福份。

武相、天空或武相、地劫同宮

當有『武相、天空』的形式時，對宮會有『破軍、地劫』相照。**當有『武相、地劫』的形式時**，對宮會有『破軍、天空』相照。這兩種形式都是外面環境中是耗破形式，而且會耗空，而本命是財空、福空、劫財、劫福、劫印的形式。表示周圍環境中都損耗

光了，自己也會頭腦不實際，也享不到財福，或根本不想享受財福，因此也看不到周圍環境中的財。凡有此形式在命、財、官、夫、遷、福等宮的人，會工作不長久或根本不工作，易與宗教接近，也易不結婚，更不肯聽別人的意見，一生會無用，也不想管事做主，更不想給別人管，會一生混沌過日子。

武相、文昌或武相、文曲同宮

武相、文昌同宮時，在寅宮，文昌居陷，會外表粗俗、粗獷、不斯文，文化水準低落，計算數字與利益的能力差，學習能力不強，言行粗鄙，這是刑財、刑福之格局，其人會賺錢較少，理財能力差，耗財多，愛享一些粗俗不堪的福氣，也容易被人看不起。一生中生活水準不高。**在申宮**，文昌在得地之位，會外表斯文、秀

紫、廉、武

氣，文化水準略高，計算利益的能力好，學習能力佳，言行有禮貌，讓人尊重。其人理財能力好、精明，賺錢會較多，能存錢，是『財官雙美』的形式。

武相、文曲同宮，在寅宮，文曲居陷，其人口才差，較安靜，不討人喜歡，人緣差，聰明度也差，較笨，才華差，不易出名，也易不受尊重。此形式算是刑財、刑福及刑印（無法掌權，升官運差）的形式。其人會賺錢少，能享的福也少。其人周圍也常冷清、少人來往，一生機會不多，工作只顧得上吃穿而已。**在申宮**，文曲居旺，其人口才佳，人緣好，機會多，聰明，有才華，周圍有人氣，也易受尊重，愛護。此形式是增財、增福及增印（增加掌權機會、升官機會）的形式。其人會賺錢較多，一生工作順利，能得較多的財利和福氣，不需太辛苦便能輕易享受財福。

武相、左輔或武相、右弼同宮

當『武相、左輔』在命、財、官時，其夫、遷、福等宮會有貪狼、右弼同宮。

當『武相、右弼』在命、財、官時，其夫、遷、福等宮會有貪狼、左輔同宮。

這表示在內心的思想中或你周圍環境有人在幫助使你貪心及多打拚，因此也會幫助使你得到較多的錢財和享福之事。因此你天生具有合作精神，也會更勞碌於賺錢和享福之事。

武曲化忌、天相同宮

武曲化忌、天相同宮時，是壬年生的人會遇到的。這是刑財嚴重的形式，福氣也會受剋一些，較不嚴重。此形式表示會有錢財上之不順，會懶惰，對錢財有古怪的想法，會造成金錢上之糾紛。衝勁更不足，常愛懶惰，自以為是享福，有問題不解決，錢財的問題會擴大，易窮困，財福是享不到太多的，但可享懶惰之福。

第四節　武貪的形式

武曲、貪狼同宮的形式，是正財星與好運星同宮並坐的形式。

這會在丑宮或未宮出現。這也是『紫微在巳』或『紫微在亥』兩個命盤格式中會出現的星曜形式。武曲居廟、貪狼也居廟位，故財運與所有的好運都是一流的。並且其貪心、貪念也是一流的。

武貪同宮的意義：具有最大的貪心，也具有最強的對財富和好

運的敏感力。能用堅強的意志力來獲得人生的財富及滿足自己的貪心。因此能獲得最強的暴發運之旺運，同時兼有富貴的人生。

武貪同宮的特色，就在於極度的旺運色彩，也就是暴發運的富貴色彩。能成為鉅富，但不一定留得久，會有暴起暴落之現象，只有極少數的人會一生有富貴，這必須看命格八字中帶財的多寡而定富貴的程度。但有五分之四的人，是常在貧窮邊緣，一生中也只有五分之一的人生是好運和有富足生活的人生。因此有此形式在命格中的人，並不是天天都好運或有財運的，而是等了很久很久，才有一次好運機會的。倘若有刑星與武貪同宮在命盤中的人，則是等了很久，也不見得有好運機會的人。

武貪入命時，沒有刑剋，是豐鼻、臉龐大，臉龐豐腴、顴骨高，有富貴相的人，氣勢威武、強悍、性格剛毅、不太聽別人意

紫、廉、武

見，因為自己的運氣通常比周圍的人好，聽別人的意見常不妙，還是靠自己的感覺較好。

武貪坐命的人，頭腦的速度不快，但做事速度快，下決心、做決定很快，不會拖拖拉拉，會快速快決。其人會賺錢，但不會存錢。財帛宮是廉破，花錢大手大腳，而且敢花、捨得花。一般來說，他們是慳吝小氣的人，但是對自己大方。其人的夫妻宮是天府，財庫在配偶身上，需有好的配偶來幫他們存錢。因此武貪坐命者要結婚後才會真正有積蓄。

武貪坐命者必須外出得財，離鄉發展較好，離的愈遠愈好，因此算是六親緣薄之人。其人和父母都不親近，易和姐妹親近。武貪坐命者自己本身性格較陽剛，但喜歡別人用柔情以對。倘若家人中也是性格剛強、強硬的人，便關係淡薄、話少，幾乎不來往，視若

外人。自然他在交朋友上也是這種狀態，喜歡和溫柔、講情義的人來往，少和性格硬的人來往了。

武貪坐命者，容易生在父母不合，或父母愛爭吵的家庭中，這樣，此人就會更靜、更不說話，不愛搭理人了。

武貪的形式是財和運的形式，最怕受刑剋。凡有刑剋者，則福不全，享受財和運的福氣就少了，就是財少、運少的狀況，一生的成就也會變小，或根本無成就。有此刑剋之形成者，也是『武貪格』之破格形式，暴發運也會發得小或不發，一生所能得之財利也少。

武貪形式之財，是運用政治手腕，運用人際關係，再加上好運而得之財。因此其人有政治上之敏感力與好運，好爭奪之敏感力。

武貪坐命的人，或武貪在命、財、官、遷等宮的人，都會倒向有權力、有好運、掌財權的那一方的人，他不會同情弱勢的人。其實他是真正鄙視窮困、鄙視孱弱無用的人，因此他永遠都會站在強勢的地位和位置上來主導、操控事物。倘若掌握不住權力和好運時，就會覺得運氣很衰，看起來很沒精神了。倘若更遇財運不好的時候，就會自己覺得像落水狗一樣，有『虎落平陽被犬欺』的感覺了。

武貪坐命者一生都是大起大落的形勢，最適合做軍警業、生意人、買空賣空的人，賭徒、股票、期貨經紀人。命宮中還有羊、陀同宮之人，宜做巧藝維生。火、鈴、化忌、劫空等星的人，宜做臨時性工作，也易龍困淺灘，工作不長久，錢財多起伏，或不工作。

武貪在人的方面：代表政治人物、軍警業之高官、金融業人員，股票、期貨之經紀人、貿易人員、生意人、老闆、暴發戶，有財運的人，凶悍、好爭財的人。教授企管、經濟學之教授、賺錢多

的演藝人員、聲色場所之保鑣、富有的宗教人士。

武貪在事的方面：代表賺錢之事、中獎之事、中彩金之事、政治奪權之事、貪財之事、貪念、慾望、賭錢之事，花錢讀書求學問之事，用政治手腕及力量來滿足貪心之事、爭權奪利之事、享受財資之事、花錢多能滿足物質慾望之事。軍事上爭奪之事、攻城略地之事，宗教界募款之事。

武貪在物的方面：代表金錢、有價值的藝品、貴的樂器、貴的武器及軍用品、價值昂貴的酒、價值昂貴的賭局和賭具，高級果木或果林。

武貪在地的方面：代表軍營、國防部、軍警管理及訓練人員的地方，股票市場、證券交易所、派出所、銀行總行、金融機構總行，高級酒店、消費貴的情色場所，人氣旺的氣功館、香火鼎盛的

廟宇、賭場、做生意之商店，藝品店、樂器店、豪華酒店、大飯店、經營繁盛之遊樂園、種植高級林木之森林場所、商業學校。

武貪在建築的方面：代表極高的金融大廈、突然豎立的美麗大廈、豪宅大樓、外型及內部裝璜皆富貴精緻的大樓、軍警機關之大樓、國防部之大樓。金屬和玻璃以及木材共同架構之房舍，或是外表是金屬和玻璃為門面，但內部是木造架構的大樓房舍。亦或是外表是金屬色或白色和綠色相間的顏色的獨棟建築。

武貪在疾病的方面：代表肝氣犯肺之疾病，肝病、膽病、氣管不好、肺氣腫、肺部神經萎縮、膽病、腎臟病、腳氣病，手、足、臉之神經系統不良症。

武貪的形式

武貪的形式就是貪財，有原動力、再加上有對財和好運的敏感力，而形成的旺運、旺財的形式。其對宮是空宮，表示他會在迷濛、混沌不清的環境中，也能抓住好運，運用政治手腕，掌握機會來創造自己的大利益。

武貪入命、財、官、夫、遷、福等宮的人，都會具有這種天賦異稟的才能，能在最適當的時候，爆發財富，得到富貴，有功勳、事業，或得到財利。

武貪的形式也適合做投機的事業或投資。但這種事業和投資是短線操作的，無法長時期經營，因有暴起暴落的問題，運氣上下會起伏不定，好運的時間短，衰運的時間長，易倒閉及耗財了。

紫、廉、武

武貪、擎羊同宮

武貪、擎羊同宮時，是『刑財』和『刑運』的形式。財和運都會很顯然的減少了。會競爭多、更好爭，但財運或其他的運氣都不算順利，因此會得財少。有此格局在命、財、官、遷、福等宮的人，會不愛動，人緣不夠好，較少搭理別人，內心多煩惱。同時對錢財和好運的敏感力沒那麼強了。有時候，某些錢你不想賺，或某些好運你不知道去迎接攫取，因此財運和好運都會差很多，但仍會有一些漏網之魚的財和好運被你等到。因此不會刑財或刑運全部刑光，可是財運和好運都是極低的、不強的運氣了。有此形式時，也易有傷災、身體不好、四肢無力，發奮打拚的力量不足，做事易受干擾，但仍可有暴發運，但不會有你想像的那麼大了。而且有時候也不見得會爆發了。

武貪、陀羅同宮

武貪、陀羅同宮，是刑財和刑運的形式。會使進財和行運不順暢，會拖拖拉拉、進得慢，或進不了財，或是踟躕不前，原地打轉。更會因為笨或頑固，感受不到財運或旺運，以至於耽誤了暴發運或偏財運。『武貪、陀羅』只能做一些粗重、愚笨、不用多花腦子的事來得財，因此做武夫、軍警業，或與粗活有關的，只用體力耗費，不必多企劃經營的事業，長期的努力打拚，也會有成果。但其人多會半途而廢，不長久。

在丑宮時，有武曲化科、貪狼、陀羅，是甲年生的人，三合宮位中有廉貞化祿、破軍化權。因此你會又笨、又想用方法來賺錢，賺錢不多、花得多、強力破耗多、為自己特殊的愛好而花錢。你仍有暴發運，但常不一定會發，或拖拖拉拉不發，或用自以為是的方

法，反而不發。

在未宮，是庚年生的人，有武曲化權、貪狼、陀羅同宮，表示你雖有點笨、有點慢，但很強悍，能掌握財權和有點慢的好運，最後能賺到錢和擁有好運，其中雖有些波折，但能克服問題。你的暴發運和偏財運仍是最強勢的，會暴發。也能具有大財運，能得富貴。但有時也會經歷一些折磨和拖拖拉拉的時間而已。

武貪、火星或武貪、鈴星同宮

武貪、火星或武貪、鈴星同宮時，是有雙重暴發運的格局。但若在『命、財、官、夫、遷、福』等宮，其人也會性格古怪、做事急躁潦草、衝動，無法長期工作，會工作不長久。其人一生也都在等待暴發運的來臨，但真正大的暴發運只有十二年一次，因此其人

長期都在等待之中。而且就算暴發運暴發了，暴落的速度也很快，也容易打回原點。再加上其人不喜精緻、細膩的工作，因此除了軍警業中能待以外，其他的行業都做不久，而且很容易變得不工作，只在等待暴發運的人了。易成為無用之人。

武貪、天空或武貪、地劫同宮

武貪、天空同宮時，其三合宮位會有『廉破、地劫』在三合照守。

武貪、地劫同宮時，其三合宮位就有『廉破、天空』在三合照守。

這表示暴發運不發。同時也是財空、運空或劫財、劫運的形式。這同時也表示當其為財空、運空時，其人也會在錢財和事業上

『劫智慧』和『劫財』。因此其人會思想不實際、清高，財運和好運你都看不到，賺不到很多錢。有些錢你不愛賺，但花錢耗財的事，你不在乎、捨得花，因此窮困得快。你也會接近宗教。有『武貪、地劫』時，也一樣，是清高，有特殊聰明思想，但是對錢財和好運沒有敏感力的人。同樣也是在你們本命八字中財少的關係所致。

武貪、文昌、文曲四星同宮

武貪、文昌、文曲四星同宮時，無論在命、財、官、夫、遷、福等宮，都是一位頭腦糊塗、政事顛倒、桃花多、做不了大事，沒有大成就的人。因為桃花阻礙了你的前途。你會耽於享樂，工作不賣力、奮發力不足、頭腦昏庸、沈迷於情愛關係中，而一生無用。但你的暴發運依然會暴發，偏財運好，能多得一些錢財來享福而

已。**在丑宮時**，其人還精明，會理財、口才好、人也長得漂亮，會小氣吝嗇，只重視本人之利益，人生格局小，也易靠人吃飯，沒有前途可言。**在未宮時**，計算能力不佳，頭腦不聰明，人也不算美麗，也易靠人吃飯過日子。

武貪、左輔、右弼四星同宮

武貪、左輔、右弼四星同宮時，是助財、助運，又助暴發運快速暴發的形式。其人會對財運、好運，以及暴發運更敏感，也會有合作精神，表面看起來像是有些領導力，但實際其人會懶惰，常想依賴他人來幫忙做事。因此好運是有的，但他不一定肯打拚努力，有時也會錯過了好運機會。因為武貪坐命的人，本身具有最強勢的好運和財運機會，旁邊就會有許多運氣沒他好的人來依附。武貪坐命的人若要靠旁邊衰運的人來帶好運給他，或靠旁邊的人來暴發，真是緣木求魚，根本得不到什麼好運和財運了。而且武貪坐命的人，都是自己勤勞打拚，勞心勞力而成就的富貴，若是懶惰就得不到好運和富貴了。因此『武貪、左輔、右弼』的形式，就是暴發運也會發，但所發的大小，要看其人的發奮、打拚精神而定。發奮力量大的，就有更大的財富。發奮力量小的，財富就小。這種問題也可從八字中很輕易的看出來。

武曲化忌、貪狼同宮

武曲化忌、貪狼同宮時，是壬年生的人會遇到的形式。凡命盤上具有此形式的人，皆無偏財運或暴發運。而且流年、流月走到，還會有金錢是非、金錢糾紛、財不順、運氣也不好了。此形式若入

命、財、官、遷、福，皆是理財能力不佳，對錢財無敏感力。最根本的問題是對金錢觀念不佳，想賺錢沒有方法，思想易扭曲，或用邪門歪道的方法賺錢。當遇有錢財困難時，解決的方法又不好，容易揹債、欠債，被債務糾纏不清。一生為財所困，也容易工作不長久，或不工作。此形式中貪狼還是居廟的，表示運氣還是好的，機會仍很多，只是其人被財所困，人就變笨了，不會利用運氣來轉換財運。另一方面，亦可能在財運不順時，就是有機運到來，又用了不好的金錢觀念來處理事情，結果把好運也轉變成對己更不利的壞運，借債欠錢更多，更逃不出窮困的厄運了。

第五節　武殺的形式

武曲、七殺同宮並坐，會出現在卯宮或酉宮，這是『紫微在丑』或『紫微在未』兩個命盤格式中會出現的星曜。這是財星與殺星並坐的形式，亦稱做『因財被劫』的形式。此時武曲居平、七殺居旺，表示殺星較強，財星較弱，因此財少，辛苦得財，辛苦賺錢但也賺不多。

武殺同宮的意義：是用血汗、用勞力、用盡一切的辛苦，只能賺衣食所需，剛夠活命之財，但還是常不順利。某些時候也根本賺不到，或是被別人把它劫走，不給你賺，或是用武力、強勢力量壓迫你、打劫你，使你窮困無財。

武殺入命的人，都是一生勞碌，無法成為富翁的人的。若是八字中財稍多一點，會衣食溫飽，能過著普通富足的生活。若是命中財少的人，就是刑剋重的人，會窮困或為命短之人，易有傷災而亡，窮困而亡，不善終。

武殺坐命的人，要看父母宮的好壞，如果父母宮是太陽居旺，則幼年家境還富裕，一生有父母、親人的照顧，周圍環境稍好，也能使武殺坐命者的命運轉好。如果父母宮是太陽陷落，和父母不和，或家窮，或父母早亡，或父母工作能力不好的人，則其一生就受限制，人生命運也會坎坷不順。

武殺坐命者的夫妻宮是天相，能有溫和、會理財的配偶，能幫助其人在不太富裕的生活中錢財能平順一些和富足一些。其子女宮是巨門，表示才華並不是很好，而且生子時，頭子難，或與子女不和、多是非。武殺坐命的人是粗枝大葉的人，不太會照顧別人或子女，其人喜歡工作及賺錢，因為常感錢財窘困。如果命宮再有空、劫出現的話，也會清高，或不愛賺錢，這樣其工作能力也會不好，會思想不實際，常做做停停。有時又突發奇想愛做了，但三分鐘熱度，做一下子又轉變到其他方面的興趣上去了。

武殺入命者，財帛宮是廉貪，官祿宮是紫破，表示手邊常沒錢，常拮据窮困，唯有靠事業工作努力，生活才會平順。此人是主貴的格局，適合做軍警業、公務員，是薪水族的人。武殺坐命者也適合做專業的工作，或需要多訓練、多磨練的工作，或是與刀劍、血光有關的工作。七殺就是一把刀，故適合做外科醫生、廚師、美容師、裁縫師、獸醫、法官、律師、監獄警、救難員、殯葬業者、軍警人員、政治圈之人。凡與凶煞、爭鬥、血光為伍的工作，都適

合。武殺坐命者，雖也具有某些政治性，容易踏入政治圈，但其人的政治敏感度不算太強，是屬於較笨的形態的政治敏感度，他們是好爭、敢用蠻幹的態度來爭，但往往在別人的政治運作下會吃虧、受打壓。爭的很凶，也容易暴斃或被排擠出核心地帶。因此他們在政治鬥爭中是容易敗下陣來的人，或被犧牲的人。

武殺在人的方面：代表軍人、警察、特務人員、流氓、恐怖份子、勞苦的工人、建築工作、工廠中的工人、藍領階級、鐵工廠中之工人，打鐵匠、市場叫賣人員、武市賣場人員、殺手、能力不佳的政治人物、賺錢辛苦的人、為錢拼命的人、窮困無財的人、創業不成功的人、救難人員、屠宰業者、獸醫、執刀職業的人、執法人員、監獄法警、法官、律師、殯葬業人員。

武殺在事的方面：代表血光、打架之事、受傷之事、為錢財

紫、廉、武

▼紫、廉、武

付出血汗勞力之事、軍警之工作、事業、恐怖之事、戰爭之事、死亡之事、創業倒閉之事、賺錢不多之事、被劫財劫走之事、運用政治手腕來凶狠爭鬥之事、窮困享不到福之事、勞碌無所得之事、吝嗇小氣之事。窮人家之事、特務工作之事、監聽之事、秘密及辛苦之事、殺人之事。

武殺在物的方面：代表沒價值的金屬器具、破爛不堪使用之金屬用品，破損的古董、破舊的錢櫃、保險櫃、壞的罐頭，成色不足的金飾品、不值錢的五金用品，難吃的牛肉、有病的鼻子、疤痕、刀疤、凶猛的爬蟲類、失敗的生意、監聽、監看器材、防火牆、偵防器材、防盜鎖、鋼刀、鋼剪、武士刀、有殺傷力的武器、金屬用品。

武殺在地的方面：代表稽察處所、查稅務之機關、派出所、

關犯人之監獄、情治單位、軍營、破舊的鐵工廠、災難或爭鬥現場、戰場、恐怖的地方，殘破的大樓、治安不佳的公共場所、大街、殘破的廟宇、光禿無樹多石的山崗、破舊無人的寺塔、亂石堆。

武殺在建築的方面：代表外表醜陋破舊、設備也不好的大樓，孤立無鄰窮酸的大廈、危樓，外表有老虎或鯊魚凶惡裝飾的大樓房舍、用鐵架搭成的臨時房舍大樓、鐵皮屋，外表有舊金屬外牆，或有污穢不清楚玻璃外牆的房舍大樓。

武殺在疾病的方面：代表暴怒傷肝之病症、肺癆病、脇肋炎、肺病、氣喘、支氣管炎、便秘、大腸癌、消化系統不良症、陽萎、下半身寒涼、陰虧、傷災、血光之災、車禍傷災、開刀、腎臟不好、膀胱弱、婦女病等等。

紫、廉、武

武殺的形式

武殺的形式就是命中財少的形式，但想要爭，想要賺錢，但用腦不多，不易爭到，會蠻幹，用武力解決，可是到最後也無法多得到。武殺的形式也會用到政治力量來解決，但是政治敏感度不高，因此是窮凶極惡，仍無法解決。也容易用決鬥的方式解決，這就是用武力解決了，會成為兩敗俱傷，自己也得不到便宜。武殺的形式是頭腦笨和內心窮的心智所致，要穩定心智、多學習、用磨練的方式，學得一技之長，能夠成功和得財。武殺是主貴的格局，主武貴。可從武職，或習法律能主貴，若做粗重的工作或文職，則一生多起伏、不順利。武殺在命、財、官、夫、遷、福等宮都代表財窮、心窮、財少，是『因財被劫』的格式，故要從不斷努力、打拚、不斷奮鬥中求生存。也惟有用努力才能出頭，有平順的生活。

武殺、祿存的形式

武殺、祿存同宮時，是『因財被劫』加『祿逢沖破』的格式，祿存的財也會被七殺沖破，因此其人會小氣吝嗇、保守、財不多，有衣食溫飽之財，但因為祿存限制了武殺的打拚力量，故其人會過於保守而奮鬥力不足。也會成為更慳吝自私的人。人緣不佳、較孤獨，少與人來往，人緣機會就會少，一生成就也不高了。又因被『羊、陀所夾』，故而膽小怕事，也怕人，是懦弱又慳吝，只求溫飽之人。此形式在財、官、遷、福等宮時，也都代表命中財少，有懦弱之相。

紫、廉、武

武殺、擎羊同宮

武殺、擎羊同宮，是極度刑剋的形式，也是『因財持刀』的格局，會為財而死，因債務被殺死，或向人要債而被殺死。亦會因車禍而亡。

在卯宮時，是甲年生的人會有的形式，有武曲化科、七殺、擎羊同宮，表示很有辦法賺一點錢，但亦會拿不到錢，而且會因錢財問題而遭災滅亡。遭災的時間在卯時。

在酉宮時，是庚年生的人，有武曲化權、七殺、擎羊同宮，表示喜歡強力掌財權、爭奪激烈，也會因財被人殺死。遭災的時間在酉時。

武殺、火星或武殺、鈴星同宮

武殺、火星或武殺、鈴星同宮時，也是刑剋極重的形式。表示爭鬥凶、情況火爆、脾氣壞，也易與黑道火拚有關。因為爭鬥凶，根本都看不到一丁點財。而且爭鬥是突發事件，也會火拚爭鬥而亡，或有傷殘現象。同時這也是有突然而起的聰明而耗財，或賺不到錢，會腦子糊塗、蠻幹不講理。也會突然窮困，要過了這段時間才會好。

武殺、天空或武殺、地劫同宮

當『武殺、天空』同宮時，三合宮位中有『紫破、地劫』三合照守。

當『武殺、地劫』同宮時，三合宮位中有『紫破、天空』三合

照守。

上述這兩種形式，其實都表示頭腦中有蠻幹，但又不實際的想法，有時又是根本不想真正去打拚奮鬥的想法，因此只會好高鶩遠，做事做做停停、不長久，有時也根本不工作。容易瞎混日子，或是做些與財利無關的工作。此形式在命、財、官、夫、遷、福等宮時，易不婚，或結了又離，工作也做不長，一生起伏，沒有成就。

武殺、文昌或武殺、文曲同宮

武殺、文昌同宮，**在卯宮**，文昌居平，表示計算能力不好，理財能力不好，但外表還斯文，會賺錢不多，有理想，但未必能實現。要看八字的官煞強不強，官祿宮的紫破是否還有煞星同宮？才

能定事業是否有基礎。倘若官祿宮無煞星，則有主貴的事業，其人還有在事業上衝刺的決心，能有成就。有事業就有財進。官祿宮再有刑剋的人，則一生無用了。

在酉宮，文昌居廟，表示計算能力好、精明幹練、學習力強，官祿宮再好，無煞星進入，也能主貴，但一定要有高學歷，人生才能主貴、有成就。官祿宮有煞星進入的人，一生也多波折不順，工作不長久，能力也不好了。

當『武殺、文昌』同宮時，三合宮位上有『廉貪、文曲』相照守，是糊塗桃花的格局，因此也會影響其人一生難有大成就。

武殺、文曲同宮，在卯宮，文曲居平。在酉宮，文曲居廟，皆代表口才好、有人緣，也會在人多熱鬧的地方打拼。並且會忙得很起勁，周圍也會熱鬧、有的忙。因為當有『武殺、文曲』同宮時，在三合宮位上有『廉貪、文昌』相照守，這是頭腦糊塗、政事顛倒的格局，因此『武殺、文曲同宮』雖表面看起來不錯，很愛打拚，其實也會打拚的糊塗，對人生的意義就不大了。

武殺、左輔或武殺、右弼同宮

武殺、左輔或武殺、右弼同宮時，都是加倍刑剋的形式。武殺是『因財被劫』的主窮困的格局，再加左輔、右弼，會更辛勞、更窮困，也會愈打拚愈窮。

當武殺、左輔同宮時，三合宮位中有廉貪、右弼三合照守。

當武殺、右弼同宮時，三合宮位中有廉貪、左輔三合照守。

因此，當『武殺、左輔』或『武殺、右弼』同宮在命宮時，加倍勞碌，很愛打拚，但財帛宮是『廉貪、右弼』或『廉貪、左輔』，

錢財上是加倍的沒錢、窮困，不會理財。當『武殺、左輔』在財帛宮時，官祿宮就是『廉貪、右弼』，賺錢賺得辛苦，事業又更差，職位更低或做不到工作。當『武殺、左輔』是官祿宮時，其人命宮就有『廉貪、右弼』是天生有人幫著有壞運、衰運，品性也不佳，在工作上也賺錢不易。

因此，當『武殺、左輔』或『武殺、右弼』在命、財、官等宮時，都會不太工作，靠人過日子，賺不到錢，也會愈打拚愈窮。

武曲化忌、七殺同宮

武曲化忌、七殺同宮時，是壬年生的人會遇到的。會有錢財是非，被殺或有傷殘現象，一生無財，也會工作不長久，易因錢財問題喪命。是窮困又遭刑殺的形式。

第六節　武破的形式

武曲、破軍同宮並坐，會在巳宮或亥宮出現。這是『紫微在卯』或『紫微在酉』兩個命盤格式中會出現的星曜。這是財星與耗星同宮並坐的形式。亦是『因財被劫』的格式。武曲居平、破軍也居平，表示是代表窮困的格局形式。

武破同宮的意義：是錢賺得少，又破耗凶，既不會理財，也不會節省，命中財少，還要破耗，因此常在窮困之中，容易揹債。

武破入命的人，都是天生本命財窮的人，要看生長家庭的好壞與富裕程度，和行運方式（是順行大運或逆行大運）來定幼年時期的順利與否。倘若生長家庭富裕的人，例如父母宮是太陽旺的人，

命中的財也會稍多一些，若再加上順行運，或有『陽梁昌祿』格的人，一生也能主貴，為有成就的人。

如果家庭貧窮，父母的能力不好，再加上逆行大運，則一生坎坷、窮困無財。**武破坐命者還不能有文昌、文曲同宮或相照**，亦會窮命，縱使文昌居廟（在巳宮），也為窮儒色彩的人，會是斯文、懦弱型的人物。有文曲同宮或相照時，亦為窮命，但口才好，好油嘴滑舌，桃花多、好淫。

武破坐命者之財帛宮為廉殺、官祿宮為紫貪，做軍警業、薪水族會平順。因為賺錢方式是用腦不多，只顧蠻幹，用血汗勞力的賺錢方式。工作型態也只是有一點好運，努力的話也可主貴的形式，是故只要有工作，就會有生活之需，工作做的好，也會有成就。

武破坐命的人，也容易參加政治鬥爭，他會大膽、狂妄、不按牌理出牌，敢蠻幹，會嚇倒很多人。但他們鬥爭的政治手腕未必是強的，運氣也常不好，因此也未必會鬥爭贏，但能稍為嚇阻別人。此命格的人，適合做拆除大隊的隊員，救災、救難人員，復健工作人員，軍警業、情報人員、爆破人員、醫護人員，與血光為伍的人，殯葬業者。武破坐命者，除非命宮有武曲化權或破軍化權的人，才容易在政治圈中生存下來。

紫、廉、武

武破在人的方面：代表軍警業、特務人員、情報人員、保全人員、運輸業人員、修道路或修鐵道之人員、菜市場工作之人員、修理車船的工人、搬運貨櫃之人員、特技人員、推銷員、窮人、爆破人員、救難人員、醫護人員、屠宰業之人員、房屋復建人員，馬戲團表演人員，殯葬業人員。

武破在事的方面：代表奔波、勞動、生活不安定、財少之

事，代表破財不聚財之事、恐怖之事、被劫財之事，吝嗇、小氣之事，政治爭鬥凶狠之事、窮困之事、大膽之事、不按牌理出牌之事，間諜工作之事、偵防之事、秘密辛苦之事、軍事活動之事，警務工作之事，保全工作之事等等。

武破在物的方面：代表黑色金屬物品、裝水的金屬物品、破舊無用的金屬物品，不值錢的裝飾品，破爛無用的保險櫃，腐壞的牛肉、有病的鼻子、醜陋的疤痕、破耗倒閉的生意、舊貨櫃車、火藥、有殺傷力的武器、有毒的水蛇。

武破在地的方面：情報機關、軍營、彈藥庫、垃圾場、下水道、破敗之家、菜市場、屠宰場、車禍現場、災難現場、戰場、恐怖的地方、欲倒塌的大樓、殘破廟宇、治安不佳之公共場所、破舊的妓女戶、髒亂的水道旁。

武破在建築的方面：代表在偏僻地區，周圍無人家的孤寒、破敗之樓宇。也代表菜市場中髒亂的小閣樓。更代表外表有些腐爛的鐵皮屋。更代表外表醜陋破舊，即將拆除之大樓。亦代表外表有偽裝、古舊內在恐怖的大樓。亦代表外表是黑色和舊金屬色外牆的大樓房舍。亦代表外表有許多污穢不清的玻璃窗、已廢棄不用、黑暗的大樓房舍。

武破在疾病的方面：代表感冒、肺病、氣喘、氣管炎、呼吸道之病症，也會陰虧、陽萎、經水不調、婦女病、腿疾、下腹痛、下腹寒涼、遺精、腎臟病、膀胱不好、尿糖症、大腸脹氣、便秘、腹洩等症。

武破的形式

武破的形式就是命中財少的形式。但仍想要破耗、花錢，無錢可花，必須另尋出入。一種是形成武力爭鬥。一種是經過多重波折後進入宗教信教或安身。

武破的政治色彩，表面看起來很強，但實際不易進入政治核心中去，命宮有化權的人，稍有力量，否則都為中等以下階級的人，無法有大將之風，因此也無法進入政治核心中去。大多數的武破坐命者，都是窮命又溫和沒脾氣或懦弱怕事的人。但其內在有自己獨特的固執，也會孤獨、勞碌。內心易有突發的煩躁感、不耐靜。某些武破坐命者愛打麻將、好賭，則是害怕孤獨感的侵蝕感覺。

武破代表孤獨、奔波、不安、波動大、腦筋直、剛硬，愈頑固

者愈窮困，不利六親，人生必有破耗。性格反覆不定、多疑、喜冒險、易孤注一擲，能有巧藝維生，能做具有勞苦功夫的工作。是不承祖業，破祖離鄉發展，能白手起家，一生勞碌的人。

武破在財帛宮時，為過路財神，不會理財，即使有進帳也花得快，會快速破耗光。錢花光了就無煩惱了，也容易手邊常窮困沒錢，有時手邊拮据一點，對其人也是好的。如果一下子錢財富裕了，會耗財更凶，易揹債，反而不好了。

武破在官祿宮時，表示會做賺錢不多、爭鬥激烈，或用勞力血汗辛苦的行業，一生的成就不高。其人本身就不喜歡用腦子，只是苦幹、實幹的人，故也不會太在意薪水的多寡。也容易做不了什麼事，只為層級低的小職員而已。

武破、祿存同宮

武破、祿存同宮，會在巳宮出現，是丙年和戊年生的人會有的形式。表示會吝嗇、小氣、保守，是『祿逢沖破』的格局，故其人的打拚力量也會被祿存限制得很小。能有衣食之祿，可溫飽，但依然窮、沒錢。又因被『羊陀所夾』，其人也會膽小怕事、懦弱，一生沒有發展，只用自己小小的能力賺吃飯的錢而已。

武曲化忌、破軍、祿存同宮

武曲化忌、破軍、祿存同宮，會在亥宮，是壬年生的人會有之形式。是『祿逢沖破』得更厲害了，也『因財被劫』的更厲害，會錢財不順，錢財是非和困擾，很窮，又有負債，無論此形式在命、財、官、夫、遷、福等宮，都是一生窮、逃不出窮困之厄運。其人

▽紫、廉、武

性格古怪，對錢財之態度、思想觀念也古怪、保守、慳吝，頭腦不清，很笨，賺錢的方法不會想，工作做不好，容易受騙，把自己困住，人緣機會也會沒有。也會懦弱無用，成為別人的負擔。流年、流月逢到，易車禍而亡，或自殺。身體易有傷殘。

武破、陀羅同宮

武破、陀羅同宮，是丁年生的人，在巳宮，表示其人又窮又笨，做事拖拖拉拉，多是非、多破耗，賺不到錢，理財能力不好，智慧也不高，會心窮、沒智慧，會做粗重勞力的工作來維生。其人也容易身體有傷殘、羅鍋現象。

武曲化祿、破軍、陀羅同宮

武曲化祿、破軍、陀羅同宮，會在巳宮，是己年生的人會有之形式。表示其人雖外表窮又笨，但仍有工作能力和對錢財的敏感力，能賺一點錢，但賺不多，可糊口，稍有餘潤，但也常做事拖拖拉拉，人緣機會還是有一點的。

武曲、破軍化祿、陀羅同宮

武曲、破軍化祿、陀羅同宮，會在亥宮出現，是癸年生的人會有的形式。表示又窮又笨，做正事不行，但要找錢來花、來破耗倒是十分聰明，是明顯的敗家子。會拖累家人、朋友，人見人怕。

▽紫、廉、武

武破、火星或武破、鈴星同宮

武破、火星或武破、鈴星同宮時，都是性格古怪、又窮又大膽，愛時髦、搞怪、衝動，脾氣壞，與黑道有關，會做一些反社會、反人性的事。衝動時，也會窮凶極惡，傷害別人，報復別人，不為善類，多是非，易遭災禍，不善終。

武破、天空、地劫四星同宮

武破、天空、地劫四星同宮時，是破耗光了，窮空了的形式，會一清二白、空空如野，沒有錢財。無論在命、財、官、夫、遷、福等宮出現，都會入宗教中安身。因命中財少，故也命不長。其人會思想不實際、幻想多，無法有工作能力，亦會不婚或婚姻不長久，在宗教中反而能解脫。

武破、文昌或武破、文曲同宮

當武破、文昌同宮時，是窮的格局，其人會窮。**在巳宮**，文昌居廟，其人外表斯文美麗，有氣質，有文藝修養，為寒儒色彩的人，但並不一定會有高學歷。仍會頭腦不清，做一些辛苦的工作。**在亥宮**，文昌居平，外表普通，氣質普通，也不見得有文藝修養，是本命窮困之人，會辛苦勞碌維生，也會頭腦不清。

當武破、文曲同宮時，**在巳宮**，文曲居廟，**在亥宮**，文曲居旺，皆為窮命之人，雖口才好，有人緣，但會心窮，也會頭腦不清，工作能力不強，為辛苦的小市民命格的人。

武破、左輔或武破、右弼同宮

當命格中有『武破、左輔』時，其三合宮位有『紫貪、右弼』

在三合照守。當命格中有『武破、右弼』時，其三合宮位有『紫貪、左輔』在三合照守。這表示一方面有人在使你更窮，又一方面有人在幫你平順轉好。

當『武破、左輔』在命宮時，則『紫貪、右弼』在官祿宮，表示本命有人（平輩的男性）愈幫你，使你愈窮、愈破耗凶。而工作上有平輩之女性，用保守、霸道的方式使你工作平順，有一點好運，有一些主貴的機運。

當『武破、左輔』在財帛宮時，其人命宮有『紫貪、右弼』，表示你本人是有領導力之人，會有保守、霸道的心態，高高在上，自以為是的性格，本命有平順平撫一切災難的能力，但錢財上破耗更凶，有人幫著你破耗，故錢財常窘困沒錢。

當『武破、左輔』在官祿宮時，其人財帛宮有『紫貪、右弼』，

表示你在錢財上有好運，也有人用保守、霸道的方式幫著你平順，但你的工作會愈做愈窮。因此你宜韜光養晦，不宜做事業，否則會賠光，會連累家人，敗光家產，使大家都窮。

『**武破、右弼**』的形式請參考前面所解釋之意義。

如何選取喜用神

(上冊)選取喜用神的方法與步驟

(中冊)日元甲、乙、丙、丁選取喜用神的重點與舉例說明

(下冊)日元戊、己、庚、辛、壬、癸選取喜用神的重點與舉例說明

每一個人不管命好、命壞，都會有一個用神和忌神。

喜用神是人生活在地球上磁場的方位。

喜用神也是所有命理知識的基礎。

及早成功、生活舒適的人，都是生活在喜用神方位的人。

運蹇不順、夭折的人，都是進入忌神死門方位的人。

門向、桌向、床向、財方、吉方、忌方，全來自於喜用神的方位。

用神和忌神是相對的兩極。

一個趨吉，一個是敗地、死門。

兩者都是人類生命中最重要的部份。

你算過無數的命，但是不知道喜用神，還是枉然。

法雲居士特別用簡易明瞭的方式教你選取喜用神的方法，並且幫助你找出自己大運的方向。

第十二章　武曲在『命、財、官』及『夫、遷、福』對人的影響

第一節　武曲在『命、財、官』對人的影響

武曲代表財，代表政治，當武曲在命、財、官、夫、遷、福等宮出現時，就直接表示此人的一生和錢財、和政治有了不解之緣。你一生的活動和命運都和錢財、財富有關，也必須利用政治手腕，才能生活的好、與能得財。你主要的思想結構，與生命的歷程都在

與金錢的關連中起起伏伏。自然生命資源的財——健康，也是包括在命中財多、財少的問題當中了。同時這也代表你會勞碌一生，辛苦得財。但是否確實能得財多？就要看武曲的旺度，是居廟還是居平了。自然這也關係到命盤格式的好壞，也關係到三合照守的星曜吉凶問題。

當武曲居廟、居旺在命、財、官等宮時，你是天生命中財多之人。而且政治手腕的能力強，非常會利用這種政治性的技巧和人緣、機緣來擴展你命中的財富。因為在你命、財、官三合配置的星曜也好，是故在賺錢上，你是不用花太大力氣，就能找到方向和目標的人。如果命、財、官中有煞星進入，就是命格有刑剋的人，這也是規格化了你命中的財富，使你的命中之財沒那麼多了。這種命中之財的等級有很多的分類，也要看命、財、官中的煞星，是與財

星同宮，還是與官星同宮相剋，剋得有多凶了？**煞星與財星同宮的，就直接剋的是財**，財就少，再工作、再勞碌，財仍不多。如果剋的是官星，是工作上不順利，輾轉起伏，繞了圈子仍能得到財，只是得財的過程不順利而已。

當武曲居得地之位，在命、財、官時，必與天相同宮，在你三合宮中的天府財庫星也和居平的廉貞同宮，表示你的財庫不大。同時也表示你是愛享福之人，雖也奔波勞碌，但能賺夠稍能享福之財就好了，你的口味不大，因此你命中即使有財，你也不會太去爭取及打拚，稍窮時才去打拚。

當武曲居平在命、財、官時，都是『因財被劫』的格式，有武破、武殺等形式，這表示天生命中財少。而且命、財、官之三合宮位中相配合之星曜也都不算太好。像武破的三合宮位中是紫貪、廉殺。像武殺的三合宮位中是紫破、廉貪，因此窮的時候多，平順的時候少。而且其人的思想也會清高，或較笨，對錢財的敏感力差，不會理財。在政治手腕的方面，也是對政治、人緣、機緣的敏感力差，或根本容易跌到情色桃花陷井之中，爬不起來。一生事業無著，自然更談不上在財富或工作上努力了。

第二節　武曲在『夫、遷、福』對人的影響

武曲居廟、居旺在夫、遷、福等宮時，你本命是殺、破、狼坐命的人。這表示你的天生思想中，內在意識中，以及周圍環境中，天生命運中都是與財有關的事。你會心中有財，思想圓通，處處重

視利益，不會做吃力不討好之事。**如果有羊、陀、火、鈴、劫空、化忌這些煞星和武曲同宮在夫、遷、福時**，你又會心中財少了，會慳吝小氣，人緣不佳，是自己讓機緣、機運遠離、不靠近，而失去財。殺、破、狼入命的人，財在外面，在遠方，必須像大將軍出馬征戰、掠奪、爭鬥才有財。命中財有刑剋時，就會不愛動，得財就少了。你也會自怨自艾、自己痛苦不已。

武曲居廟、居旺在夫、遷、福等宮的人，也是內心中最具有政治色彩、多計謀、內心勤奮、戰鬥力量強盛的人。很多命書上解釋武曲這顆星是『有勇無謀，無心機的人，又冥頑不靈，食古不化』。這是命中財少，命盤中武曲居平的人才會有的現象。武曲居得地以上的旺位時，就十分靈活，具有謀略了。這和星曜的旺弱有關，別的星曜旺時，也同樣是聰明又富有才智的，星曜陷落時是愚笨、做事做不好，人緣機緣都不好，又冥頑不靈，喜行邪佞之事的。我們看前大陸國家主席江澤民先生是破軍、鈴星坐命子宮的人，夫妻宮有武曲居廟。台灣立法委員陳文茜小姐也是破軍坐命子宮的人，夫妻宮也是武曲居廟。夫妻宮管的是其人內心的感情模式和靈魂深層的思想。這兩人都同樣在政治圈的生態中生存生活，天生想的就是政治之事，計謀多，常主導政治議題，主導國家大事，你能說他們是有勇無謀，毫無心機的人嗎？

不論武曲居旺位在人命盤上的那一宮，都是主導該人的財的意念之事。武曲是只管財和利益，和政治機緣、人際關係的應用之事的特質的，其他的事不愛管，也不想管，尤其怕麻煩、是非和針鋒相對，但如果是非和針鋒相對是為了財或利益的話，他也會不怕麻煩和強權干擾而挺身而出的爭一下了。這就是武曲的政治性風格。

武曲居旺是具有強權色彩的人，性格剛直，寧折不屈，都是強權色彩的人的通性，因為有堅強的毅力得財才會成功，也才能成大事、立大業。若武曲受到刑剋，有煞星同宮或居平，為『因財被劫』財少的形式時，則不見得有毅力了，有的只是頑固、冥頑不靈和食古不化了，也會懦弱、假溫和，做不了大事，也毫無成就了。

以上這些特點都可從八字中看得出來。

武曲居廟、居旺在遷移宮的人，是環境中就很政治，環境也富裕多財。從小在富裕的家庭中長大，富裕的家庭自然也是人際關係政治色彩濃厚的家庭，人多口雜、人言可畏，自然要小心翼翼的過日子。這種命格的人，也會自然養成懂得政治性的人際關係，也自然養成一種政治性的手腕，因此得財更容易，所向無敵。例如前總統府資政吳伯雄先生，就是貪狼坐命辰宮的人，其遷移宮有武曲

▽紫、廉、武

居廟，家中富有，也易在政治圈中活動生存。

福德宮有武曲居廟、居旺的人，也是天生財多，也更具有政治性理念的人，這種命格的人有『七殺朝斗格』及『七殺仰斗』格的人，以及破軍在辰、戌宮坐命的人。像前考試院長許水德先生就是破軍居辰宮坐命的，福德宮有武府，之前做國民黨秘書長時，一直為選舉操盤，在政治圈的核心工作。具有好的謀略，也圓滿達成任務了。

當福德宮是武曲居平，或武曲雖居旺，但有刑剋、有煞星的人，則天生命中財少，也無法進入政治核心，或是做事做不好，易靠他人吃飯，這也是政治敏感力不足，智慧困頓、不佳的原因。即使能擠入政治核心，是依靠人而貴，也會做不久，或因才華拙劣，未來會有官司纏身之憂。

第十三章　武曲在『父、子、僕』及『兄、疾、田』對人的影響

當武曲在『父、子、僕』及『兄、疾、田』等宮時，都算是閒宮，表示財在親朋好友身上，不在自己這邊。同時也要看財多、財少，你自己是否能享受得到，對你有沒有利益？

第一節 武曲在『父、子、僕』對人之影響

當武曲在父母宮時

當武曲在父母宮時，表示財在父母，亦表示你的年份、月份生的好，父母才會有財，你的幼年環境較優渥富足。**當父母宮是武破、武殺時**，父母仍窮，你會幼年辛苦，一輩子與父母緣淺、不和。同時你出生的年份、月份也不好，剛好是不帶財給你的年份和月份。因此你要自己打拚，辛苦度日，父母給你的環境就是一個辛苦，生存不易的環境，未來在你遺傳到的身體健康方面也會有些遺傳性的病痛。這就是天生資源不算好的例證了。

當武曲在子女宮時

當武曲在子女宮時，表示財在子女，也在你的才華之中。倘若你是天生愚笨之人，就只有生一個子女，把他養大了，再養你。倘若你自己會稍有才華，就能用才華來賺錢，但是這是白手起家，要付出很多勞心勞力的打拚奮鬥才能有好結果的事情。大多數的人都是懶惰、有小聰明，沒法子打拚奮鬥的，故不靠子女也不行。**子女宮若是武殺、武破時**，表示子女較窮，你自己生子不易，你本身的才華也少，而且你的才華是賺不了什麼錢的，這只有好好做個上班族、薪水族來平順財運了。

當武曲在僕役宮時

當武曲居旺在僕役宮時，表示你會有多金有錢、富有但小氣的朋友。你能靠朋友、部屬得財，但朋友會性格剛直、不好相處，他們也會和你錢財義理分明，但會守承諾。這是命中財在朋友，有異途顯達之格局的人，但也要自己命中財多，才能承受財。

有一位朋友來算命，說他只是投資朋友，平常不做什麼事，但非常富有。我也覺得奇怪，這個命宮中只有祿存星的人，看起來也十分保守，錢從那裡來？原來其人的僕役宮有武曲化權、貪狼，遷移宮有太陽化祿、巨門、左輔，他不輕易交朋友，交到的朋友多是性格古怪的奇人異士，都具有幫他賺錢的好運。有時候，朋友很落魄，但有才華，他也很有識才之能，在與他的合作支援之下，就能研發賺錢的事業。再加上他本人強勢的『暴發格』，因此投資朋友，為他帶來極大的財富。而且他也對男性有極大的說服力，有人會為他賣命。此人幼年窮困，三十五歲才發，短短十多年成為鉅富，是

否很神奇呢？再看看其人的八字，遍地是財，正合他用。武貪格都有暴起暴落的特質，但因其人命中財多，故財還留得住，反而愈積愈多。此人的官祿宮是天同化祿、太陰化忌、右弼，平常不工作，只想一些優遊悠閒之事，十分愜意，真是好命。此外，如果你也羨慕奇美董事長許文龍先生，每周只上兩天班，常常在釣魚，有員工幫他賺錢，你也就得具備這麼好的僕役宮才行。

當僕役宮是武殺或武破的時候，或是武曲雖居旺，但有煞星同宮的人，你的朋友是窮朋友，而且不和、多爭鬥，會為錢財爭鬥，彼此怨恨，或心懷不軌。你對待朋友的方式也不好，朋友都是以利益為導向來結交的，朋友會較凶、較拔扈、脾氣也不好，常有背叛逆上之事發生。你命中的財寄託在這種朋友之上，也十分可憐和笈笈可危了。因此你只能做薪水族，或上班族，有固定的工作，靠自

▼紫、廉、武

已賺錢得財了。

第二節　武曲在『兄、疾、田』對人的影響

當武曲在『兄、疾、田』等宮時，表示財與你先天的資源有關連，財雖不在自己身上，但會和家族遺傳有關，也和家人有關。財多、財少，要看出生時的月份、年份好不好？帶財多少而定。

武曲在兄弟宮

當武曲在兄弟時，表示財在兄弟姐妹身上，但他們即使有錢，也不一定會分給你花。兄弟姐妹會性格剛直、強硬、一板一眼，甚

至和你反目成仇。**當武曲居廟時**，這同時也表示你過的沒有兄弟姐妹好，你會能力上也沒兄弟姐妹聰明能幹。**當武曲居旺有煞星同宮時**，表示兄弟姐妹財也不多，但會比你好一點，也會和你爭財，對你凶惡。

如果兄弟宮是武殺、武破，表示兄弟姐妹較窮，反而你會比他們過得好。但你與他們不和，也沒有通財之義，易受拖累，或根本不見面。

兄弟宮表現了你們家族中的實力。兄弟為有錢的人，表示家族實力好。兄弟無錢、較窮的人，表示家族實力薄弱，易崩塌、分散，你會成為獨力在打拚，沒有後援力量的人。在事業上或社會地位上也不易展露頭角。

紫、廉、武

武曲在疾厄宮

當武曲在疾厄宮時，代表財在身體健康上。如果身體健康狀況好，便能在人生中財多一點，而且幼年時代父母也較順利，有錢供給你，把你養得好一點。但你命中財少的話，仍會有病痛。武曲居旺在疾厄宮，更代表你具有健康之財，也能在人生中多打拚一些來得真正的富貴享用。你仍然會有易感冒、呼吸道及大腸方面、腎、膀胱方面的小毛病。

當武曲雖居旺，但有煞星同宮，或有武殺、武破在疾厄宮時，代表天生的財和健康資源受到刑剋，你的身體弱，本命財少，需要好好保養。同時你的賺錢及工作能力也不強，要看看要用其他的方法來賺錢得財了。看是要靠配偶或朋友來得財，或是靠父母給錢了。

武曲在田宅宮

當武曲在田宅宮時，表示是財星入庫，有家財。若武曲居廟、居旺，則家財多，一生不用為財愁，你可安心、舒心的過日子，存得住錢，也生活富裕。唯獨女性會子宮不好，小心子宮開刀，或受孕不易。

當武曲居旺和煞星同宮在田宅宮時，表示家中爭財、劫財很凶，家財也會不太多了，家人相處不和，易為爭財之事反目不和。爭的凶的，會家破人亡，你本身的財庫有漏洞，也存不住錢，房地產留不住。你幼年原本的家中較窮困，也不會有太多財，但家人還是不和相爭。女性有此田宅宮，子宮易開刀或切除，也易不孕，或不婚。

當田宅宮是武殺、武破時，你家中常窮困無財，家人也不和、爭鬥多或家中人少，家庭易破裂，分散東西，家中也常無人在家。女子有此田宅宮時，子宮也會有問題，易不孕或開刀，或受傷，或切除，也易不婚。

當田宅宮有武曲星時，不論旺弱，其人家中之人都非常之政治化。相互爭鬥就是一種政治化的表相。雖然你是溫和的，不想爭鬥，但在這樣的環境中，也非得拿一些態度和辦法來面對。處理得好的家庭關係，你就是具有政治手腕的人，處理不好家庭關係的人，你就是被排擠在家庭政治核心以外的人了。

因此，當武曲在『兄、疾、田』等宮的時候，你是機月同梁命格體系的人，你的磁場和家人不一樣，你可能只是家中的一個觀望者角色的人。常不知家中人在想什麼、做什麼？這樣你也容易不瞭解家人，和家人有代溝，自己也生活不快樂。因此你該想想要如何去做，才會和家人有向心力，也能為自己的財庫多積存一些財富了。

上、下冊

法雲居士⊙著

陰陽五行自古以來就是命理學和中國醫學的源頭及理論的重要依據。

命理學和中醫學運用陰陽五行做為一種歸類和推演的規律，運用生剋制化的功能，來達到醫治、看病、養生的效果。因此命理學和中醫學既是相通的，又是同出一源的。

上冊談的是每個命格在健康上所展現的現象。

下冊談的是疾病因命格不同所產生的理論問題。

教您利用流年、流月、流日來看生理狀況和生病日。以及如何挑選看病、開刀，做重大治療的好時間與好方位，提供您保養身體與預防疾病的要訣。

紫微斗數自最能掌握時間要素的命理學。生命和時間有關，能把握時間效應，就能長壽。此書能教您如何保護生命資源，達到長壽之目的。

對你有影響的

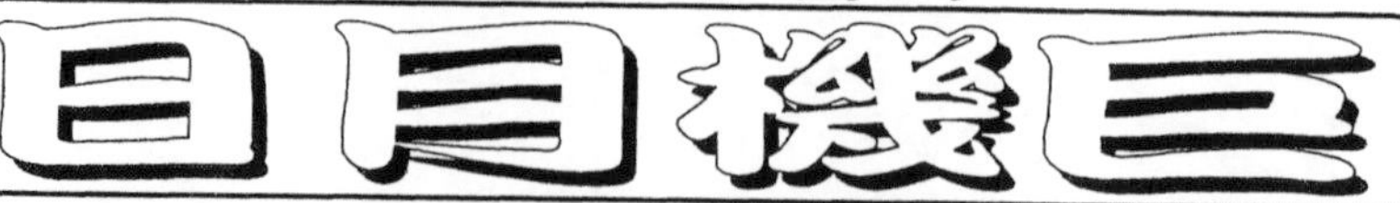

上、中、下冊

法雲居士⊙著

在每個人的命盤中都有太陽、太陰、天機、巨門四顆星，這四顆星在人命格中具有和前程、智慧、靈敏度、計謀、競爭、感情，以及應得的故定財祿有關的主導關係。

其實你也會發現這四顆星，不但一起主宰了你的情緒智商，同時也共同主宰了你的前途命運及一生富貴。

中冊講的是太陰星在人生命中之重要性。太陰代表人的質量，代表人本命的財，也代表人命中身宮裡靈魂深處的東西。

太陰更代表你和女人相處的關係，以及你一輩子可享受的錢財，因此對人很重要！太陰又代表月亮，因此月球對地球的關係也對地球上的每個人有極大的影響力。

下冊講的是天機星和巨門星在人的生命中之重要性。

天機代表智慧、聰明和活動的動感，以及運氣升降的方式和速度。

巨門代表人體上出入口之慾望，也代表口舌是非，巨門是隔角煞，是人生轉彎處會絆礙你的尖銳拐角。天機與巨門主宰人命運的成功與奮發力，對每個人也有極大的影響力！

星曜特質系列包括：『殺、破、狼』上下冊、『羊陀火鈴』、『十干化忌』、『權、祿、科』、『天空地劫』、『昌曲左右』、『紫、廉、武』、『府相同梁』上下冊、『日月機巨』、『身宮和命主、身主』。

此套書是法雲居士對學習紫微斗數者常忽略或弄不清星曜特質，常對自己的命格有過高的期望或過於看輕的解釋，這兩種現象都是不好的算命方式。因此以這套書來提供大家參考與印證。

對你有影響的

府相同梁

上、下冊

法雲居士⊙著

對你有影響的『府相同梁』這本書分上、下兩冊，上冊主要以天府、天相兩顆為主題。下冊則以天同、天梁這兩顆星為主題。

天府、天相、天同、天梁這四顆星，表面看起來性質很接近，其實內在含意各自大不相同。這四顆星在人類的命運中也各自擔負起不同的角色和任務。因此『府相同梁』在命理中不但是命格的名稱，同時也是每個人之福、祿、壽、喜、財、官、印之等等福氣的總和。您若想知道自己一生真正的福祿有多少？真正能享受的財祿、事業有多高，此書將提供您最好的答案！

對你有影響的

昌曲左右

法雲居士⊙著

在每個人的命格之中，文昌、文曲、左輔、右弼都佔有重要的位置。昌曲二星不但是主貴之星，也直接影響人的相貌、氣質和聰明度，更會為你的人生帶來不同的變化和創造不同的人生。

左輔、右弼是兩顆輔星，助善也助惡，在你的命格中，到底左輔、右弼兩顆星是和吉星同宮還是和凶星同宮呢？到底左右兩星有沒有真的幫忙到你的人生呢？

星曜特質系列包括：『殺、破、狼』上下冊、『羊陀火鈴』、『十干化忌』、『權、祿、科』、『天空地劫』、『昌曲左右』、『紫、廉、武』、『府相同梁』上下冊、『日月機巨』、『身宮和命主、身主』。此套書是法雲居士對學習紫微斗數者常忽略或弄不清星曜特質，常對自己的命格有過高的期望或過於看輕的解釋，這兩種現象都是不好的算命方式。因此以這套書來提供大家參考與印證。

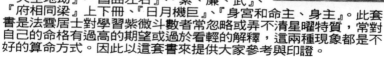

紫微賺錢術

法雲居士⊙著

從前有諸葛孔明教您『借東風』，
今日有法雲居士教您『紫微賺錢術』。
這是一本囊括易術精華的致富法典，
法雲居士繼「如何算出你的偏財運」一書後，
再次把賺錢祕法以紫微斗數向您解盤，
如何算出自己的進財日期？
何日是買賣股票、期貨進出的大好時機？
怎樣賺錢才會致富？什麼人賺什麼錢？
偏財運如何獲得？賺錢風水如何獲得？
一切有關賺錢的玄機技巧，
盡在『紫微賺錢術』中，讓您輕鬆的獲得令人豔羨的成功與財富。您希望增加財運嗎？ 您正為錢所苦嗎？這本『紫微賺錢術』能幫助您再創美麗的人生！

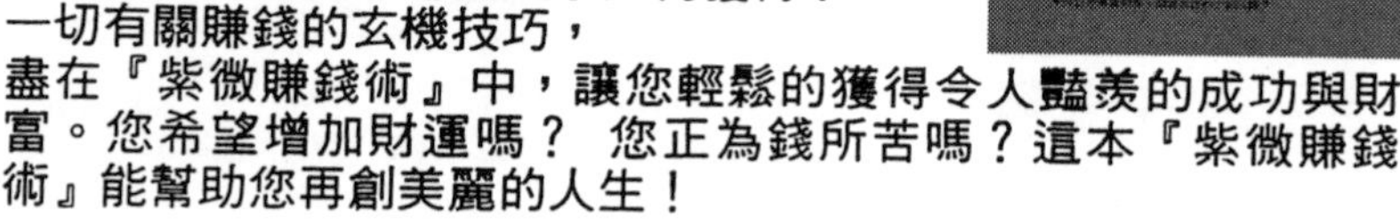

紫微幫你找工作

法雲居士⊙著

『男怕入錯行，女怕嫁錯郎』。

現在的人都怕入錯行。您目前的職業是否真是適合您的行業？入了這一行，為何不賺錢？您要到何時才會有令自己滿意的收入？

法雲居士用紫微命理幫您找出發財、升官之路，並且告訴您何時是您事業上的高峰期，要怎麼才會找到自己有興趣的工作？要怎麼才能讓工作一帆風順、青雲直上，沒有波折？

『紫微幫你找工作』就是這麼一本處處為您著想，為您打算，幫助您思考的一本書。

$一元起家能買空賣空的命格

法雲居士⊙著

景氣不好、亂世，就是創業的好時機！
創業也會根據你的命格型態，
有不同的創業方式及行業別，
能不能夠以『＄一元起家』，
輕鬆的創業，或做『買空賣空』的行業，
其實早已命中註定了！
任何人都可以運用自己的運氣來尋找
財富，掌握時間點就能促成發富的績效。
新時代創業家是一面玩、
又一面做生意賺錢的快活族！

納音五行姓名學

法雲居士⊙著

一般坊間的姓名學書籍多為筆劃數取名法，這是由國外和日本傳過來的，與中國命理沒有淵源！也無法達到幫助人改善命運的實質效果。

凡是有名的命理師為人取名字，都會有自己一套獨特方法，就是--納音五行取名法。

納音五行取名法包括了聲韻學、文字原理、字義、聲音的五行來配合其人的命理結構，並用財、官、印的實效能力注入在名字之中，從而使人發奮、圓通而有所成就。納音五行的運用，並可幫助你買股票、期貨及參加投資順利。

現今已是世界村的時代，很多人在小孩一出世時，便為子女取了中文名字、英文名字及日文名字，因此，法雲老師在這本書將這些取名法都包括在此書中，以順應現代人的需要。

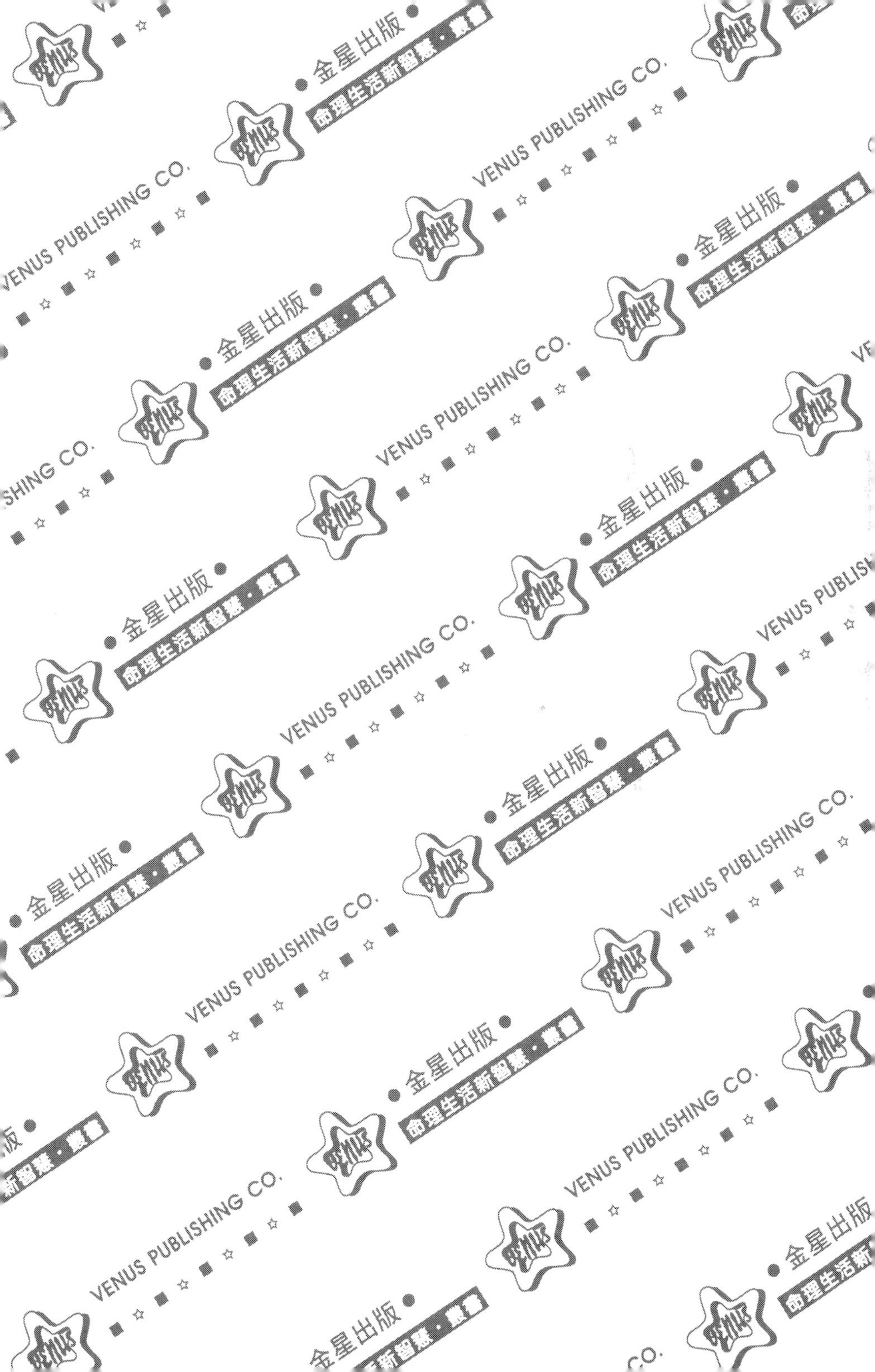
金星出版
命理生活新智慧・叢書
VENUS PUBLISHING CO.

金星出版
命理生活新智慧・叢書
VENUS PUBLISHING CO.